きょうは なんの記念日？

366日じてん

平野恵理子

偕成社

はじめに

一年は、三百六十五日。

うるう年だと三百六十六日あるよ。


そのなかで、記念日《きねんび》は何日あるだろう。

よく調《しら》べてみると、毎日なにかの記念の日なんだ。

歴史上《れきしじょう》の大きなできごとや、科学者《かがくしゃ》の発見《はっけん》、道路《どうろ》の開通《かいつう》など、なにかしらがおこっているね。

作家や芸術家《げいじゅつか》の誕生日《たんじょうび》や、命日《めいにち》をもとにした記念日もあるよ。

記念日は、そんな歴史上のできごとのほかにも、
会社がきめたものや、ごろあわせからうまれたものまで、本当にたくさんあるんだ。

この本には、そんなたくさんある記念日のなかから、著者《ちょしゃ》のわたしが、
おもしろい、あるいは大切だと思ったものをえらんでのせています。

自分の誕生日はどんな日だろうって、とっても気になるよね。

まずはそのページを開《ひら》いて、見てもらえるかな。

誕生花《たんじょうか》や、その花言葉《はなことば》もでているよ。

ほかに、お父さんやお母さん、きょうだいの誕生日も調べて、

つぎにはお友だちの……と見ていくと、
いろんな記念日やむかしのできごとにふれられるはず。
楽しんでもらえること、うけあいだよ。

毎日でもその日のページを開いて、「きょうはなんの記念日かな？」なんて使《つか》ってもらえたら、
もう最高《さいこう》にうれしいです。

平野恵理子《ひらのえりこ》

この本を読むときのご案内《あんない》

旧暦《きゅうれき》と新暦《しんれき》について

日本では、1873年12月3日から太陽暦《たいようれき》（新暦）が開始《かいし》されたんだ。この本では、その切《き》り替《か》え日《び》より前を旧暦、それよりあとは新暦の日付《ひづけ》でとりあげているよ。また、ロシアなどほかの国の記念日《きねんび》も、旧暦の日付でのせている場合があるから、誕生日《たんじょうび》や忌日《きにち》などを見るときは、注意《ちゅうい》してね。

忌日《きにち》について

忌日とは、ある人が亡《な》くなった日のこと。「忌日 梶井基《かじいもと》次郎《じろう》（檸檬忌《れもんき》）」のように、亡くなった日につけられた特《とく》別《べつ》な名前を（ ）でのせていることもあるよ。

関連《かんれん》する記念日《きねんび》について

関連する記念日がほかにある場合、（➡1/13）と矢印《やじるし》でしめしているので、もっと知りたいときは見てみてね。

国名について

国名はおもに、できごとやその人物《じんぶつ》がうまれたときに使われていた名前（たとえば、1991年まではソ連《れん》＝ソビエト社会主義共和国連邦《しゃかいしゅぎきょうわこくれんぽう》など）をしるしているよ。

データについて

この本にでてくるデータ（地震《じしん》の被害《ひがい》など）は、2020年1月現在《げんざい》のデータにもとづいているよ。

たんじょう花・花ことば・たんじょう石・宝石《ほうせき》ことば・月の色について

一般的《いっぱんてき》なものや、さまざまな人や団体《だんたい》が設定《せってい》したなかから、えらんでのせているよ。

平野恵理子《ひらの・えりこ》

1961年、静岡県生まれ、横浜育ち。イラストレーター、エッセイスト。山歩きや旅、暮らしについてのイラストとエッセイの作品が多数。著書に『五十八歳、山の家で猫と暮らす』（亜紀書房）『こんな、季節の味ばなし』（天夢人）『にっぽんの歳時記ずかん』（幻冬舎）など。絵本・児童書に『料理図鑑』『生活図鑑』『ごはん』（以上、福音館書店）『和菓子の絵本――和菓子っておいしい!』（あすなろ書房）『ボクがつくった世界のおやつどうぞ!』『きょうはなにして遊ぶ? 季節のこよみ』（偕成社）など。

ブックデザイン
アルビレオ

もくじ

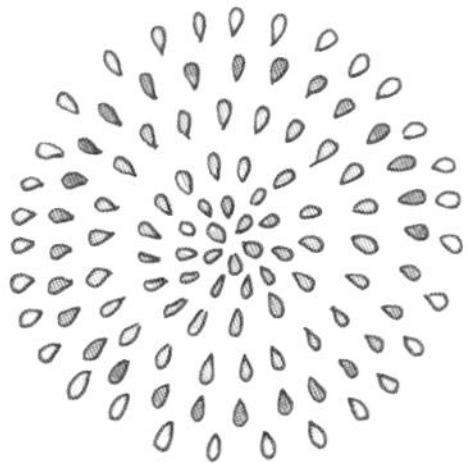

1
月

睦月《むつき》

1月のたんじょう石：ガーネット

宝石《ほうせき》ことば：真実《しんじつ》

1月の祝日《しゅくじつ》：元日《がんじつ》（1日）

成人《せいじん》の日（第《だい》2月曜日）

1月の色：赤

1日

元日《がんじつ》　一年のさいしょの日だよ。新しい年が明けたことを祝《いわ》う国民《こくみん》の祝日《しゅくじつ》なんだ。この日から三日までが、お正月の三が日。

少年法施行《しょうねんほうしこう》の日　一九四九年のこの日に施行された。二十才未満《みまん》の少年の健全《けんぜん》な育成《いくせい》を目的《もくてき》としたものなんだ。

たんじょう日

一休宗純《いっきゅうそうじゅん》（僧侶《そうりょ》・1394年）／**ピエール・ド・クーベルタン**（教育者《きょういくしゃ》・フランス・1863年）／**J.D.サリンジャー**（作家・アメリカ・1919年）

たんじょう花と花ことば

マツ／不老長寿《ふろうちょうじゅ》

2日

書きぞめ／初夢《はつゆめ》　おめでたいことばや一年の抱負《ほうふ》を、すみと筆《ふで》で書くよ。夜はまくらの下に宝船《たからぶね》の絵をしいて初夢を見よう。

月ロケットの日　一九五九年のこの日に、ソ連《れん》（いまのロシア）が月探査《つきたんさ》ロケット「ルーニク（ルナ）一号《ごう》」を打《う》ちあげたよ。これが、太陽《たいよう》の周囲《しゅうい》を公転《こうてん》する史上初《しじょうはつ》の人工惑星《じんこうわくせい》となったんだ。

たんじょう日

道元《どうげん》（僧侶・1200年）／**伊丹万作《いたみまんさく》**（映画監督《えいがかんとく》・1900年）／**アイザック・アシモフ**（作家・アメリカ・1920年）

たんじょう花と花ことば

タケ／節度《せつど》

3日

ジョン万次郎帰国《まんじろうきこく》の日　漁民《ぎょみん》の万次郎は十四才のとき、船が漂流《ひょうりゅう》してアメリカ船に救助《きゅうじょ》されたよ。アメリカで教育《きょういく》を受《う》けた万次郎は一八五一年のこの日にリュウキュウ（いまの沖縄県《おきなわけん》）へ上陸《じょうりく》、十年ぶりに日本へ帰ってきたんだ。

↓1／13

ごろあわせ記念日

ひとみの日

たんじょう日

マルクス・トゥッリウス・キケロ（政治家《せいじか》、哲学者《てつがくしゃ》・古代《こだい》ローマ・紀元前《きげんぜん》106年）／**小林一三《こばやしいちぞう》**（実業家《じつぎょうか》・1873年）／**バン・ダイク・パークス**（音楽家・アメリカ・1943年）

たんじょう花と花ことば

フクジュソウ／幸《しあわ》せをまねく

4日

ビルマ独立記念日《どくりつきねんび》　一九四八年のこの日、ビルマ連邦共和国《れんぽうきょうわこく》が成立。イギリスから独立して共和制国家《きょうわせいこっか》となったよ。その後、一九八九年六月、軍政側《ぐんせいがわ》が国名をビルマからミャンマーに変更《へんこう》。でも、現在《げんざい》も一部《いちぶ》ではビルマの国名が使《つか》われているんだ。

民族衣装《みんぞくいしょう》を着《き》たアカ族《ぞく》の女性《じょせい》

ごろあわせ記念日

石の日

たんじょう日

アイザック・ニュートン（物理学者《ぶつりがくしゃ》・イギリス・1643年）／**ルイ・ブライユ**（点字考案者《てんじこうあんしゃ》・フランス・1809年）

たんじょう花と花ことば

スイセン／自己愛《じこあい》

5日

魚河岸初競り《うおがしはつせ》　魚河岸で、その年はじめての競《せ》りがおこなわれる日だよ。「初市《はついち》」ともいうんだ。新年さいしょの「初物《はつもの》」には、びっくりするような値段《ねだん》がつくこともあるんだって！

ごろあわせ記念日

いちごの日 いち(1)ご(5)で、15才の日／**囲碁《いご》の日**

たんじょう日

夏目漱石《なつめそうせき》（作家・1867年）／**片岡球子《かたおかたまこ》**（日本画家・1905年）／**土井勝《どいまさる》**（料理研究家《りょうりけんきゅうか》・1921年）

たんじょう花と花ことば

ウラジロ／無限《むげん》に

6日

消防出初め式《しょうぼうでぞめしき》　消防関係者《しょうぼうかんけいしゃ》による、仕事《しごと》はじめの行事《ぎょうじ》。はしご乗《の》りが演《えん》じられるよ。

ホーリー・スリー・キングス・デー（公現祭《こうげんさい》）　三人の王が、うまれたばかりのイエスのもとに来たことを祝《いわ》う日。この日にクリスマスかざりをはずすよ。

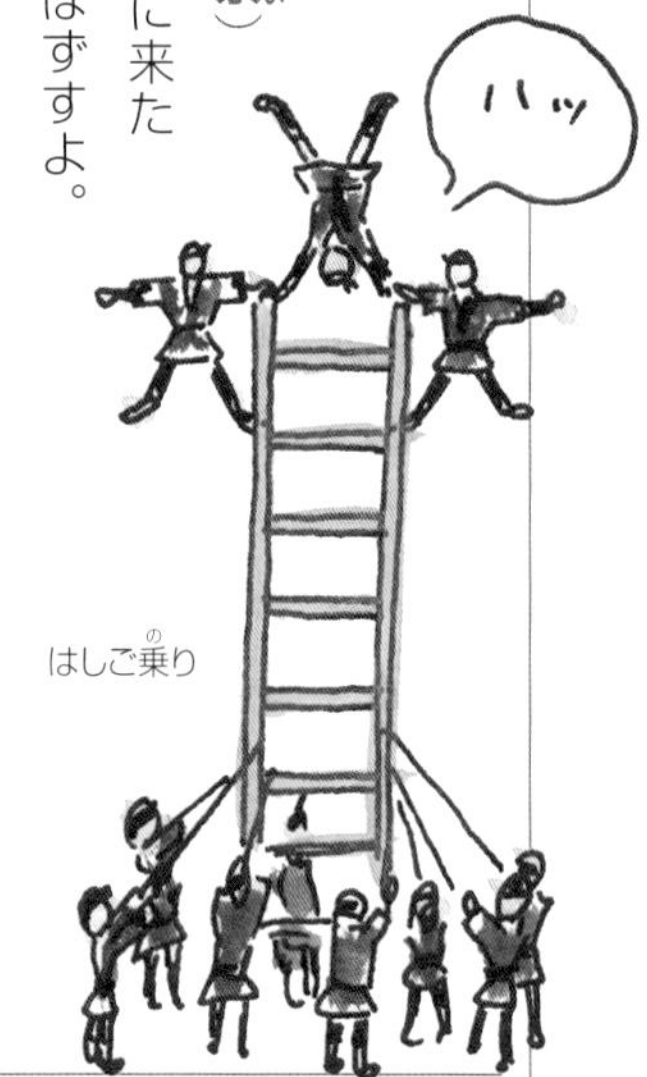

はしご乗《の》り

ごろあわせ記念日

カラーの日 い(1)ろ(6)。色は英語《えいご》でカラーだから

たんじょう日

ジャンヌ・ダルク（軍人《ぐんじん》・フランス・1412年?）／**ハインリヒ・シュリーマン**（考古学者《こうこがくしゃ》・ドイツ・1822年）

忌日《きにち》　良寛《りょうかん》

たんじょう花と花ことば

ユズリハ／若返《わかがえ》り

7日

春の七草《ななくさ》

七草《ななくさ》がゆ　春の七草をきざみ、かゆに入れたものを、この日の朝に食べるよ。一年の邪気《じゃき》をはらい、万病《まんびょう》をのぞくとされているんだ。

千円札発行《せんえんさつはっこう》の日　一九五〇年のこの日、第《だい》二次《じ》世界大戦後《せかいたいせんご》はじめての千円札が発行されたんだ。当時としては史上最高額《しじょうさいこうがく》の紙幣《しへい》で、絵柄《えがら》に使《つか》われたのは聖徳太子像《しょうとくたいしぞう》。

たんじょう日

前島密《まえじまひそか》（郵便制度創設者《ゆうびんせいどそうせつしゃ》・1835年）／**住井すゑ《すみいすえ》**（作家・1902年）

たんじょう花と花ことば

セリ／清廉《せいれん》で高潔《こうけつ》

8日

外国郵便《がいこくゆうびん》はじまりの日　一八七三年に日米郵便交換条約《にちべいゆうびんこうかんじょうやく》が締結《ていけつ》。一八七五年のこの日に、アメリカへの郵便物《ゆうびんぶつ》がはじめて横浜港《よこはまこう》を出発《しゅっぱつ》したよ。➡2/19

「平成《へいせい》」元号施行《げんごうしこう》の日　さいしょの元号「大化《たいか》」から数えて二四七番目の元号として、平成がはじまった日だよ。一九八九年のこの日から二〇一九（平成三十一）年四月三十日までつづいたんだ。

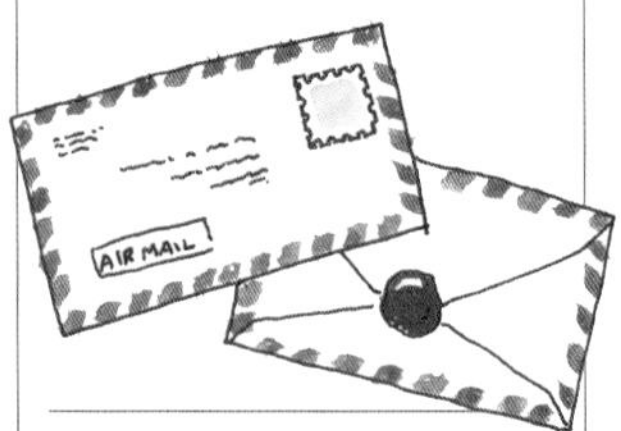

ごろあわせ記念日

勝負事《しょうぶごと》の日 イチ(1)かバチ(8)か

たんじょう日

堀口大學《ほりぐちだいがく》（詩人《しじん》・1892年）／**森英恵《もりはなえ》**（ファッションデザイナー・1926年）／**エルビス・プレスリー**（歌手・アメリカ・1935年）

たんじょう花と花ことば

ゴギョウ／あたたかい気持《きも》ち

9日

宵《よい》えびす　十日《とおか》えびすの前日の夜に、えびす神社《じんじゃ》におまいりすることだよ。「えびす」とは、七福神《しちふくじん》のえびすさんのこと。この日から十一日の「のこりえびす」まで、えびす神社は参拝客《さんぱいきゃく》でにぎわうんだ。縁起物《えんぎもの》の笹《ささ》を売る市《いち》もでるよ。

ごろあわせ記念日

とんちの日　いっ（1）きゅう（9）と読めることから。とんち話で有名《ゆうめい》な一休《いっきゅう》さんにちなんだよ

たんじょう日

カレル・チャペック（作家・チェコ・1890年）／**シモーヌ・ド・ボーボワール**（作家・フランス・1908年）／**ジョーン・バエズ**（歌手・アメリカ・1941年）

たんじょう花と花ことば

ハコベ／愛《あい》らしい

10日

十日えびす　商業《しょうぎょう》や漁業《ぎょぎょう》の神様《かみさま》、えびすさんは、福《ふく》をまねくとしてとくに商人《しょうにん》に信仰《しんこう》されているんだ。「初《はつ》えびす」ともいうんだって。

世界《せかい》さいしょの地下鉄開通《ちかてつかいつう》　一八六三年のこの日、イギリスのロンドンの地下を世界ではじめて蒸気機関車《じょうききかんしゃ》が走ったよ。走ったのは、パディントン～ファリンドン駅間《えきかん》。

ごろあわせ記念日

110番の日

たんじょう日

島村抱月《しまむらほうげつ》（劇作家《げきさっか》・1871年）／**高《たか》山樗牛《やまちょぎゅう》**（思想家《しそうか》、評論家《ひょうろんか》・1871年）

たんじょう花と花ことば

アナナス／たくわえる

11日

鏡開《かがみびら》き　新年に神様《かみさま》におそなえしていた鏡《かがみ》もちをおろしてきて食べ、家のなかの円満《えんまん》をねがうよ。「開《ひら》く」ということばで縁起《えんぎ》をかつぎ、もちは刃物《はもの》で切らず、手やつちを使《つか》ってかち割《わ》るんだ。

蔵開《くらびら》き　商人《しょうにん》の家ではこの日、年が明けてからはじめて蔵《くら》を開《あ》けるんだ。新しい年の商売繁盛《しょうばいはんじょう》を祈願《きがん》するよ。

たんじょう日

伊能忠敬《いのうただたか》（測量家《そくりょうか》・1745年）／**山《やま》岡荘八《おかそうはち》**（作家・1907年）／**ちばてつや**（まんが家・1939年）

たんじょう花と花ことば

シェフレラ／とてもまじめ

12日

スキーの日　一九一一年のこの日、オーストリアのレルヒ少佐《しょうさ》が、日本ではじめて青年将校《せいねんしょうこう》にスキーを指導《しどう》したよ。

たんじょう日

シャルル・ペロー（詩人《しじん》、童話作《どうわさっ》家《か》・フランス・1628年）／**吉屋信子《よしやのぶこ》**（作家・1896年）／**村上春樹《むらかみはるき》**（作家・1949年）

たんじょう花と花ことば

ラケナリア／継続《けいぞく》する

13日

咸臨丸出航《かんりんまるしゅっこう》　一八六〇年のこの日、江戸幕府《えどばくふ》の軍艦《ぐんかん》、咸臨丸が品川沖《しながわおき》を出航《しゅっこう》したよ。目的地《もくてきち》はアメリカだ。乗《の》りくんだのは、艦長《かんちょう》が軍艦操練所《ぐんかんそうれんじょ》教授《きょうじゅ》をつとめていた勝海舟《かつかいしゅう》、提督《ていとく》が軍艦奉行《ぐんかんぶぎょう》の木村喜毅《きむらよしたけ》、その従者《じゅうしゃ》として福沢諭吉《ふくざわゆきち》、通訳《つうやく》としてジョン万次郎《まんじろう》（➡1／3）ら約《やく》九十人。日本人初《にっぽんじんはつ》の太《たい》平洋横断航海《へいようおうだんこうかい》だったんだ。

たんじょう日

狩野永徳《かのうえいとく》（絵師《えし》・1543年）／**狩野《かのう》芳崖《ほうがい》**（日本画家・1828年）／**マイケル・ボンド**（児童文学作家《じどうぶんがくさっか》・イギリス・1926年）

たんじょう花と花ことば

カトレア／**成熟《せいじゅく》した魅力《みりょく》**

14日

左義長《さぎちょう》　小正月《こしょうがつ》の火祭《ひまつ》り。十五日の小正月の前日に、正月かざりや書きぞめをたきあげるよ。その火で木の枝《えだ》にさしただんごを焼《や》いて食べ、無病息災《むびょうそくさい》を祈願《きがん》する。

タロとジロの日　一九五九年のこの日、第《だい》三次《じ》南極観測隊《なんきょくかんそくたい》が南極《なんきょく》の昭和基地《しょうわきち》に到着《とうちゃく》した。そして、一年前にのこしてきた樺太犬《からふとけん》十五頭のうち、酷寒《こっかん》のなかを越《え》冬《とう》して元気に生きていたタロ、ジロを発見《はっけん》したんだ。

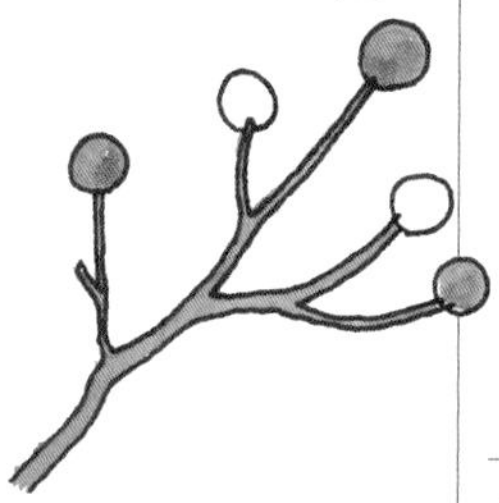

たんじょう日

アルベルト・シュバイツァー（神学《しんがく》者《しゃ》、医師《いし》・ドイツ・1875年）／**三島《みしま》由紀夫《ゆきお》**（作家・1925年）

たんじょう花と花ことば

シンビジウム／**かざらない心**

15日

小正月《こしょうがつ》　一月一日の大正月《おおしょうがつ》にたいして、十五日を小正月とよぶよ。お正月の神様《かみさま》をおくる日で、家のなかに、おもちを枝につけたまゆ玉かざりをかざり、あずきがゆを食べ、農作業《のうさぎょう》の安全と豊作《ほうさく》を祈願《きがん》するんだ。むかしの暦《こよみ》では、この日が年のさいしょの満月《まんげつ》だったんだ。

大英博物館開館《だいえいはくぶつかんかいかん》　一七五九年のこの日、イギリスのロンドンで開館。

たんじょう日

モリエール（劇作家《げきさっか》・フランス・1622年）／**西条八十《さいじょうやそ》**（詩人《しじん》・1892年）／**マーチン・ルーサー・キング・ジュニア**（牧師《ぼくし》、黒人運動指導者《こくじんうんどうしどうしゃ》・アメリカ・1929年）

たんじょう花と花ことば

オンシジウム／**可憐《かれん》**

16日

鑑真来日《がんじんらいにち》　唐《とう》の高僧《こうそう》、鑑真は日本へくるのに五度《ど》の渡航《とこう》に失敗《しっぱい》。その苦労《くろう》で失明《しつめい》しながらも、ようやく来日したのがこの日だよ。七五四年のことだ。

白瀬隊《しらせたい》が南極に到達《とうたつ》　探検家《たんけんか》の白瀬矗《しらせのぶ》が、日本人としてはじめて南極大《なんきょくたい》陸《りく》に上陸《じょうりく》したのは、一九一二年のこの日のことだった。

鑑真《がんじん》

ごろあわせ記念日

ヒーローの日　ヒ（1）ーロ（6）ー

たんじょう日

伊藤整《いとうせい》（作家・1905年）／**吉野弘《よしのひろし》**（詩人・1926年）

たんじょう花と花ことば

デンドロビウム／**有能《ゆうのう》**

17日

阪神《はんしん》・淡路大震災《あわじだいしんさい》　一九九五年のこの日、阪神・淡路地方が震災《しんさい》にみまわれたんだ。マグニチュード七・三の直下型巨大地震《ちょっかがたきょだいじしん》だった。死者《ししゃ》六四〇〇人以《い》上《じょう》、負傷者《ふしょうしゃ》は約四万三〇〇〇人以上。多くの人が被災地《ひさいち》におもむいてボランティア活動《かつどう》に参加《さんか》し、「ボランティア元年」ともいわれたよ。たきだしで被災《ひさい》者《しゃ》におむすびがくばられたことから、「おむすびの日」ともされているんだ。

たんじょう日

コンスタンチン・スタニスラフスキー（俳優《はいゆう》・ロシア・1863年）／**大《おお》杉栄《すぎさかえ》**（思想家《しそうか》、作家・1885年）／**篠原有司男《しのはらうしお》**（美術家《びじゅつか》・1932年）／**モハメド・アリ**（ボクサー・アメリカ・1942年）

たんじょう花と花ことば

コチョウラン／あなたを愛《あい》します

18日

都《と》バスの日　一九二四年のこの日、東京市電気局《とうきょうしでんききょく》が、乗《の》り合《あ》い自動車《じどうしゃ》の運《うん》行《こう》をはじめたよ。前年におこった関東大震災《かんとうだいしんさい》の影響《えいきょう》で、路面電車《ろめんでんしゃ》が大きな被害《ひがい》をうけたこともきっかけだったんだ。中渋谷《なかしぶや》～東京駅間《とうきょうえきかん》と、巣鴨《すがも》～東京駅間の二路線《ろせん》で運行され、「円太郎《えんたろう》バス」とよばれて親しまれたんだって。

たんじょう日

シャルル・モンテスキュー（思想家・フランス・1689年）／**宮武外骨《みやたけがいこつ》**（ジャーナリスト・1867年）／**A.A.ミルン**（児童文学作家・イギリス・1882年）

たんじょう花と花ことば

パフィオペディルム／かわりやすい愛情《あいじょう》

19日

女性初《じょせいはつ》の世界《せかい》六大陸《たいりく》最高峰《さいこうほう》制覇《せいは》　登山家《とざんか》の田部井淳子《たべいじゅんこ》が、南極大陸《なんきょくたいりく》の最高峰《さいこうほう》ビンソンマシフ登頂《とうちょう》に成功《せいこう》したのが、一九九一年のこの日のこと。女性初の世界六大陸最高峰制覇を成《な》しとげたんだ。田部井さんは、家事《かじ》や育児《いくじ》をしながら、登山家としても活躍《かつやく》したんだよ。

ごろあわせ記念日

いい口《くち》の日

たんじょう日

ポール・セザンヌ（画家・フランス・1839年）／**森鷗外《もりおうがい》**（作家・1862年）／**中山《なかやま》マサ**（政治家《せいじか》・1891年）／**ジャニス・ジョプリン**（歌手・アメリカ・1943年）

たんじょう花と花ことば

バンダ／身軽《みがる》

豆クイズ

一月十六日は「やぶいり」といって、江戸時代《えどじだい》には奉公人《ほうこうにん》の休みの日だったよ。この日を「やぶいり」というのはどうして？

①家から奉公先《ほうこうさき》に帰るのは、夜分の時間になるから
②やぶ蚊《か》のように、いそがしく飛《と》びまわってから帰るから
③奉公人が、草深《くさぶか》いやぶにあるいなかの家に帰るから

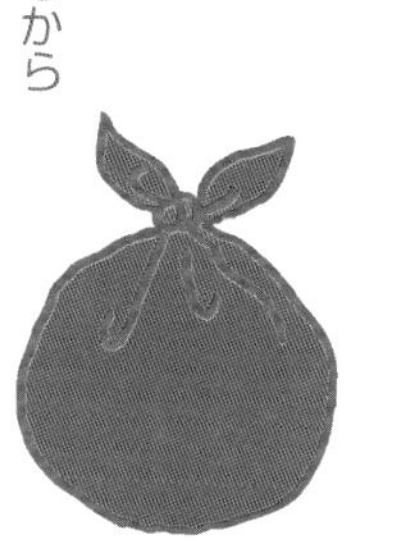

答えは下にあるよ

答え：③ 奉公人《ほうこうにん》は、たいていいなかからでてきて、街《まち》なかの奉公先《ほうこうさき》につとめるからだよ

20日

初《はつ》のアフリカ系《けい》の合衆国《がっしゅうこく》大統領《だいとうりょう》誕生《たんじょう》 バラク・オバマ氏《し》が、二〇〇九年のこの日、第《だい》四十四代《だい》アメリカ合衆国大統領に就任《しゅうにん》。アフリカ系アメリカ人として初の大統領となったよ。一九六〇年代以降《いこう》のうまれで、ハワイ州《しゅう》出身者《しゅっしんしゃ》としても、はじめての大統領だ。二〇〇九年十月にはノーベル平和《へいわ》賞《しょう》を受賞《じゅしょう》。広島《ひろしま》をおとずれたさいしょのアメリカ大統領でもあるんだ。

たんじょう日

岩野泡鳴《いわのほうめい》（作家・1873年）／**西脇《にしわき》順三郎《じゅんざぶろう》**（英文学者《えいぶんがくしゃ》・1894年）／**有《あり》吉佐和子《よしさわこ》**（作家・1931年）

たんじょう花と花ことば

デンファレ／お似合《にあ》い

21日

ライバルが手をむすぶ日 幕末《ばくまつ》の一八六六年、抗争《こうそう》をくりかえしていた薩摩藩《さつまはん》と長州藩《ちょうしゅうはん》が薩長同盟《さっちょうどうめい》をむすんだよ。坂本龍馬《さかもとりょうま》の奔走《ほんそう》で薩摩の西郷隆盛《さいごうたかもり》と、長州の桂《かつら》小五郎《こごろう》（のちの木戸孝允《きどたかよし》）が会談《かいだん》、討幕《とうばく》と新政府《しんせいふ》への構想《こうそう》をちかいあったんだ。

日本初《にほんはつ》の女性大使《じょせいたいし》が誕生 一九八〇年のこの日、高橋展子《たかはしのぶこ》がデンマーク大使に任《にん》命《めい》されたんだ。一八六九年の外務省設立以来《がいむしょうせつりついらい》、はじめての女性大使となったよ。

たんじょう日

上杉謙信《うえすぎけんしん》（大名・1530年）／**伊藤《いとう》野枝《のえ》**（社会運動家《しゃかいうんどうか》・1895年）／**クリスチャン・ディオール**（ファッションデザイナー・フランス・1905年）

たんじょう花と花ことば

ロウバイ／慈愛《じあい》

22日

カレーの日 一九八二年のこの日、全国《ぜんこく》の小中学校の給食《きゅうしょく》で、いっせいに人気メニューのカレーがだされたよ。全国学校栄養士協議会《ぜんこくがっこうえいようしきょうぎかい》が創《そう》立《りつ》二十周年《しゅうねん》を記念《きねん》して、実施《じっし》したんだ。

たんじょう日

アンドレ・マリ・アンペール（物理《ぶつり》学者《がくしゃ》・フランス・1775年）／**椋鳩十《むくはとじゅう》**（児童文学作家《じどうぶんがくさっか》・1905年）／**サム・クック**（歌手・アメリカ・1931年）／**湯川《ゆかわ》れい子《こ》**（音楽評論家《おんがくひょうろんか》・1936年）

たんじょう花と花ことば

アンスリウム／煩悩《ぼんのう》

23日

八甲田山雪中行軍《はっこうださんせっちゅうこうぐん》で遭難《そうなん》 一九〇二年のこの日、ロシアとの戦争《せんそう》にそなえて冬季訓練《とうきくんれん》をしていた青森《あおもり》歩兵《ほへい》第《だい》五連隊《れんたい》が、青森県《あおもりけん》の八甲田山で遭難。死者《ししゃ》一九九名をだす惨事《さんじ》となったんだ。

最高裁判所裁判官《さいこうさいばんしょさいばんかん》の国民審査《こくみんしんさ》が、はじめて実施された日 一九四九年にはじまったが、実際《じっさい》に辞《や》めさせられた裁判官はひとりもいない。

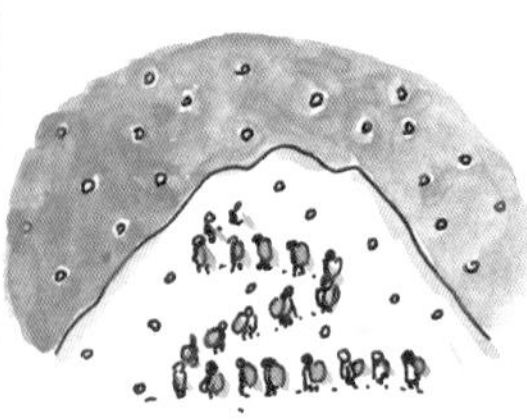

ごろあわせ記念日

電子《でんし》メールの日 いい（1）ふみ（23）と読む。「いい」はEメールの「E」

たんじょう日

スタンダール（作家・フランス・1783年）／**エドゥアール・マネ**（画家・フランス・1832年）／**湯川秀樹《ゆかわひでき》**（理論物理学者《りろんぶつりがくしゃ》・1907年）

たんじょう花と花ことば

マンリョウ／陰徳《いんとく》

24日

ゴールドラッシュデー（金の日）　一八四八年のこの日、アメリカのカリフォルニアの川で砂金《さきん》が発見された。これがゴールドラッシュのはじまりとなったよ。うわさをききつけた人が世界中《せかいじゅう》から殺到《さっとう》したんだ。

ボーイスカウト創立記念日《そうりつきねんび》　一九〇八年のこの日、イギリスの軍人《ぐんじん》だったベーデン‐パウエルがボーイスカウトを結成《けっせい》したよ。

たんじょう日

プブリウス・アエリウス・ハドリアヌス（皇帝《こうてい》・古代《こだい》ローマ・76年）／**E.T.A.ホフマン**（作家・ドイツ・1776年）／**尾崎将司《おざきまさし》**（ゴルファー・1947年）

たんじょう花と花ことば

オモト／母性《ぼせい》の愛《あい》

25日

日本最低気温《にほんさいていきおん》の日　一九〇二年のこの日、北海道旭川《ほっかいどうあさひかわ》で、日本の公認《こうにん》最低気温《さいていきおん》、零下《れいか》四十一度《ど》を記録《きろく》したんだ。こんな寒《さむ》い日にはあったかいものを食べようと、この日は「ホットケーキの日」「中華《ちゅうか》まんの日」にもなったんだよ。

たんじょう日

御木本幸吉《みきもとこうきち》（実業家《じつぎょうか》・1858年）／**バージニア・ウルフ**（作家・アメリカ・1882年）／**北原白秋《きたはらはくしゅう》**（詩人《しじん》・1885年）／**石ノ森章太郎《いしのもりしょうたろう》**（まんが家・1938年）／**松本零士《まつもとれいじ》**（まんが家・1938年）

たんじょう花と花ことば

プリムラ／美《び》のひみつ

26日

インド共和国記念日《きょうわこくきねんび》　一九四七年にイギリスから独立《どくりつ》したインドで、一九五〇年のこの日に憲法《けんぽう》が発布《はっぷ》されたよ。インド共和国となった記念日で、インドではもっともはなやかな祝日《しゅくじつ》だ。

ごろあわせ記念日

1ドア2ロックの日

たんじょう日

ダグラス・マッカーサー（軍人《ぐんじん》・アメリカ・1880年）／**宮地伝三郎《みやじでんざぶろう》**（動物生態学者《どうぶつせいたいがくしゃ》・1901年）／**盛田昭夫《もりたあきお》**（実業家・1921年）

たんじょう花と花ことば

カロライナジャスミン／長寿《ちょうじゅ》

27日

国旗制定記念日《こっきせいていきねんび》　一八七〇年のこの日、日の丸が国旗となったんだ。一九九九年に、たて横の比率《ひりつ》が二対《たい》三、丸の直径《ちょっけい》は、たての長さの五分の三に変更《へんこう》。

ホロコースト犠牲者《ぎせいしゃ》を想起《そうき》する国際《こくさい》デー　第《だい》二次《じ》世界大戦中《せかいたいせんちゅう》のナチス・ドイツによるユダヤ人のホロコースト（大量虐殺《たいりょうぎゃくさつ》）を記憶《きおく》するための日。一九四五年、アウシュビッツ強制収容所《きょうせいしゅうようじょ》が解放《かいほう》された日を記念日にさだめたよ。

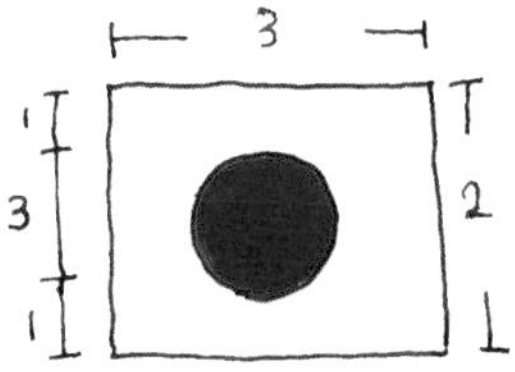

たんじょう日

ウォルフガング・アマデウス・モーツァルト（作曲家《さっきょくか》・オーストリア・1756年）／**ルイス・キャロル**（数《すう》学者《がくしゃ》、作家・イギリス・1832年）／**前田青邨《まえだせいそん》**（日本画家・1885年）

たんじょう花と花ことば

ヘリオトロープ／献身的《けんしんてき》な愛

28日

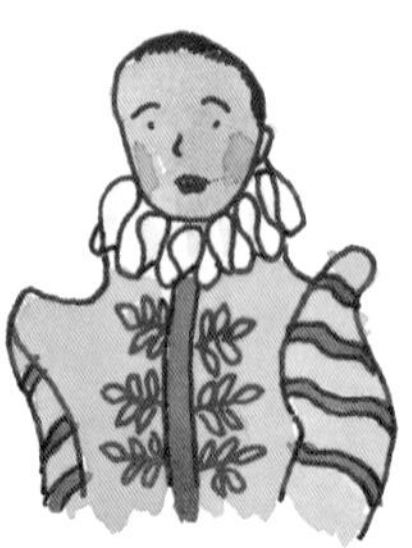

天正遣欧使節出発《てんしょうけんおうしせつしゅっぱつ》　九州《きゅうしゅう》のキリシタン大名、大友宗麟《おおともそうりん》らは、十三、四才の少年たちをローマへ派遣《はけん》したんだ。一五八二年のこの日に、少年使節《しょうねんしせつ》たちは長崎港《ながさきこう》を出港《しゅっこう》したよ。

『古事記《こじき》』完成《かんせい》　日本最古《にほんさいこ》の本『古事記』。これを仕上《しあ》げた太安万侶《おおのやすまろ》が元明天皇《げんめいてんのう》に献上《けんじょう》したのは、七一二年のこの日といわれている。

ごろあわせ記念日

衣類乾燥機《いるいかんそうき》の日　衣《い》(1)類《るい》ふ(2)んわ(8)り

たんじょう日

ヘンリー・スタンリー（探検家《たんけんか》・アメリカ・1841年）／**アルトゥール・ルービンシュタイン**（ピアニスト・ポーランド・1887年）／**小松左京《こまつさきょう》**（作家・1931年）

たんじょう花と花ことば

レプトスペルマム／質朴《しつぼく》な

29日

日本初《にほんはつ》の人口調査《じんこうちょうさ》　明治政府《めいじせいふ》によって、はじめて全国《ぜんこく》の戸籍調査《こせきちょうさ》がおこなわれたのは、一八七二年のこの日のこと。当時の日本の人口は、三五〇〇万人ほどだったんだって。いまの人口の四分の一くらいだね。

昭和基地開設《しょうわきちかいせつ》　一九五七年のこの日、日本の第《だい》一次《じ》南極観測隊《なんきょくかんそくたい》が南極《なんきょく》のオングル島《とう》に上陸《じょうりく》。昭和基地を設置《せっち》、隊員《たいいん》十一人が初《はつ》の越冬調査《えっとうちょうさ》をおこなった。

たんじょう日

アントン・チェーホフ（作家、劇作家《げきさっか》・ロシア・1860年）／**深沢七郎《ふかざわしちろう》**（作家・1914年）／**神沢利子《かんざわとしこ》**（児童文学作家《じどうぶんがくさっか》・1924年）

たんじょう花と花ことば

キンカン／思い出

30日

ガンジー

ガンジー没《ぼっ》す　インドを独立《どくりつ》にみちびいたマハトマ・ガンジー。人種差別《じんしゅさべつ》とたたかいながらも非暴力《ひぼうりょく》をつらぬきとおした、偉大《いだい》な政治家《せいじか》だよ。一九四八年のこの日に、ニューデリーでヒンドゥー教徒《きょうと》にうたれ、七十八才で亡《な》くなったんだ。「マハトマ」とは、「偉大なるたましい」という意味《いみ》。⬇3/12、10/2

たんじょう日

勝海舟《かつかいしゅう》（政治家《せいじか》・1823年）／**フランクリン・ローズベルト**（政治家・アメリカ・1882年）／**長谷川町子《はせがわまちこ》**（まんが家・1920年）

たんじょう花と花ことば

ペペロミア／あでやか

31日

みそか正月《しょうがつ》　一月最後《さいご》の日のことを「みそか正月」というよ。この日、まだ年始《ねんし》まわりをしていなかった家をたずねる習慣《しゅうかん》もあるんだ。

ごろあわせ記念日

防災農地《ぼうさいのうち》の日　ぼう（棒《ぼう》=1）さ(3)い(1)／**愛妻《あいさい》の日**

たんじょう日

フランツ・シューベルト（作曲家《さっきょくか》・オーストリア・1797年）／**ノーマン・メイラー**（作家・アメリカ・1923年）／**大江健三郎《おおえけんざぶろう》**（作家・1935年）

たんじょう花と花ことば

シロタエギク／あなたをささえる

2
月

如月《きさらぎ》

2月のたんじょう石：アメジスト
宝石《ほうせき》ことば：心の平和《へいわ》
2月の祝日《しゅくじつ》：建国記念《けんこくきねん》の日（11日）
天皇誕生日《てんのうたんじょうび》（23日）
2月の色：むらさき

1日

東京～大阪間電話開通《とうきょうおおさかかんでんわかいつう》　この日、日本ではじめての長距離電話《ちょうきょりでんわ》が開通したんだ。一八九九年のことだよ。↓10/23、12/16

テレビ放送記念日《ほうそうきねんび》　一九五三年のこの日、ＮＨＫ《エヌエイチケー》が東京地区《とうきょうちく》でテレビの本放送《ほんほうそう》を開始《かいし》したよ。画面《がめん》は白黒、放送時間は一日四時間だけだったんだ。ずいぶん短《みじか》かったんだね。↓9/10

たんじょう日

ジョン・フォード（映画監督《えいがかんとく》・アメリカ・1894年）／**沢村栄治《さわむらえいじ》**（野球選手《やきゅうせんしゅ》・1917年）／**今井通子《いまいみちこ》**（登山家《とざんか》・1942年）

たんじょう花と花ことば

ウメ／忠実《ちゅうじつ》

2日

国際航空業務再開《こくさいこうくうぎょうむさいかい》の日　戦後《せんご》はじめて飛行機《ひこうき》の国際便が就航《しゅうこう》したのは、一九五四年のこの日のこと。日本航空《にほんこうくう》の飛行機だったよ。航路《こうろ》は、東京～ホノルル～サンフランシスコ間。

世界湿地《せかいしっち》の日　一九七一年、イランのラムサールでひらかれた国際会議《こくさいかいぎ》で、「ラムサール条約《じょうやく》（↓6/9）」が採択《さいたく》されたよ。湿地に生きる動植物《どうしょくぶつ》をまもるためのものなんだ。

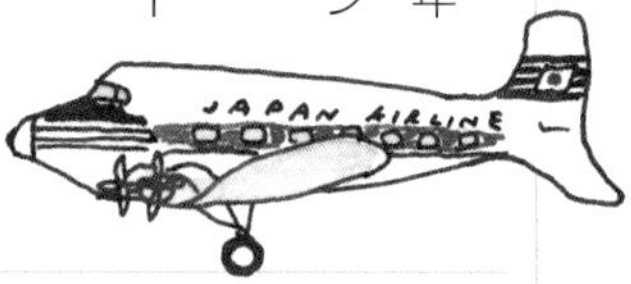

ごろあわせ記念日

夫婦《ふうふ》の日／麩《ふ》の日

たんじょう日

フリッツ・クライスラー（バイオリニスト・アメリカ・1875年）／**ジェイムズ・ジョイス**（作家・アイルランド・1882年）

たんじょう花と花ことば

パンジー／物思《ものおも》い

3日

やいかがし

節分《せつぶん》　立春《りっしゅん》の前日が節分。この日は、暦《こよみ》の上では大きな節目《ふしめ》なんだ。きれいさっぱりと立春をむかえるため、節分には豆《まめ》まきをしておはらいをするよ。「鬼《おに》は外、福《ふく》は内」ととなえながらいきおいよく豆をまこう。ヒイラギにイワシの頭をさしたものは、「やいかがし」というまよけなんだ。節分は、二月二日や四日になることもあるよ。

ごろあわせ記念日

絵手紙の日 ふ(2)み(3)

たんじょう日

フェリックス・メンデルスゾーン（作《さっ》曲家《きょくか》・ドイツ・1809年）／**エリザベス・ブラックウェル**（医師《いし》・イギリス・1821年）

たんじょう花と花ことば

ヒイラギ／用心

4日

立春　立春は、春夏秋冬をめぐる暦がはじまるさいしょの日。八十八夜《はちじゅうはちや》や二百十日《にひゃくとおか》などの雑節《ざっせつ》は、この日から数えた日数だよ。

足尾銅山《あしおどうざん》で労働争議《ろうどうそうぎ》がおこった日　一九〇七年のこの日、栃木県《とちぎけん》の足尾銅山ではたらく坑夫《こうふ》たちが、賃金《ちんぎん》の引きあげや待遇《たいぐう》の改善《かいぜん》をもとめたんだ。労働者《ろうどうしゃ》の権利《けんり》をまもる運動《うんどう》の原点《げんてん》となった事件《じけん》でもあるよ。

たんじょう日

チャールズ・リンドバーグ（飛行家《ひこうか》・アメリカ・1902年）／**武原《たけはら》はん**（日本舞踊家《にほんぶようか》・1903年）／**ローザ・パークス**（公民権運動活動家《こうみんけんうんどうかつどうか》・アメリカ・1913年）

たんじょう花と花ことば

ツバキ／ひかえめな美点《びてん》

5日

メキシコの
伝統衣装《でんとういしょう》

メキシコの憲法公布《けんぼうこうふ》 一九一七年のこの日に、メキシコの新《しん》憲法《けんぽう》が公布されたんだ。一九一〇年にはじまったメキシコ革命《かくめい》も、これがきっかけでおわることになったよ。

ごろあわせ記念日

笑顔《えがお》の日 二(2)コ(5)ニコ／**ふたごの日**

たんじょう日

高橋由一《たかはしゆいち》(洋画家《ようがか》·1828年)／**ジョン・ボイド・ダンロップ**(発明家《はつめいか》·イギリス·1840年)／**山田五十鈴《やまだいすず》**(俳優《はいゆう》·1917年)／**ハンク・アーロン**(野球選手·アメリカ·1934年)

たんじょう花と花ことば

ボケ／平凡《へいぼん》

6日

のりの日 七〇一年、日本ではじめての法律《ほうりつ》である大宝律令《たいほうりつりょう》で、のりが年貢《ねんぐ》に指定《してい》されたよ。いまの暦にすると二月六日なので、一九六六年に「のりの日」となったんだ。

日本ではじめて自動車《じどうしゃ》走る 一八九八年のこの日、東京の築地《つきじ》〜上野間をはじめて自動車が走ったよ。「馬車の馬無《うまな》きもののごとき形状《けいじょう》」といわれたとか。

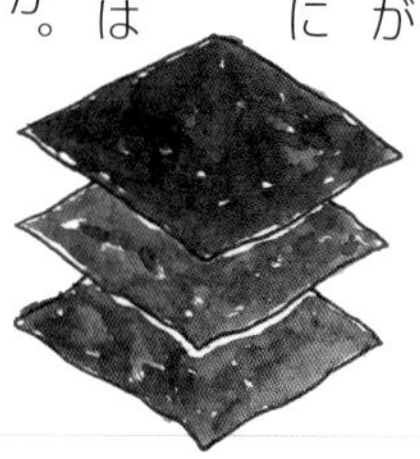

ごろあわせ記念日

お風呂《ふろ》の日

たんじょう日

ベイブ・ルース(野球選手·アメリカ·1895年)／**やなせたかし**(まんが家、絵本作家·1919年)／**フランソワ・トリュフォー**(映画監督·フランス·1932年)／**ボブ・マーリー**(音楽家·ジャマイカ·1945年)

たんじょう花と花ことば

アブラナ／競争《きょうそう》

7日

スイスで女性参政権《じょせいさんせいけん》を承認《しょうにん》 女性の参政権がなかったスイスで、一九七一年のこの日、男性《だんせい》だけの投票《とうひょう》で、女性の参政権が承認されたよ。

長野の日／オリンピックメモリアルデー 一九九八年のこの日に、長野で冬季《とうき》オリンピックが開幕《かいまく》したんだ。「自然《しぜん》との共生《きょうせい》」の理念《りねん》から、オリンピック後は、長野の自然と環境《かんきょう》を考える日になったんだって。

ごろあわせ記念日

フナの日

たんじょう日

チャールズ・ディケンズ(作家·イギリス·1812年)／**ローラ・インガルス・ワイルダー**(作家·アメリカ·1867年)／**シンクレア・ルイス**(作家·アメリカ·1885年)

たんじょう花と花ことば

オレアリア／清純《せいじゅん》

豆クイズ

アジア初《はつ》の冬季《とうき》オリンピックの開催地《かいさいち》はどこ？

① ネパールのカトマンズ
② 日本の札幌《さっぽろ》
③ 韓国《かんこく》のソウル

答えは下にあるよ

答え：② 1972年2月3日からはじまった札幌《さっぽろ》オリンピックだよ。35の国と地域《ちいき》から、1006人の選手《せんしゅ》が参加《さんか》した

8日

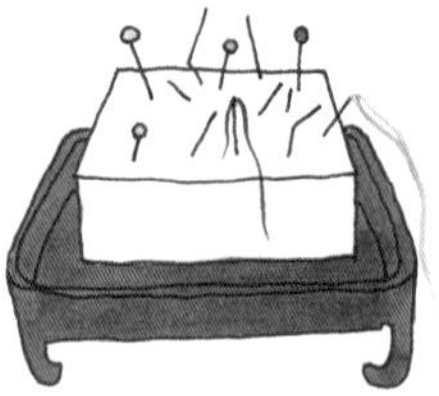

針供養《はりくよう》　使《つか》った針や、おれたり、まがったりした針を、とうふやこんにゃくなどやわらかいものにさして、そのはたらきに感謝《かんしゃ》、供養する日だよ。同時に裁縫《さいほう》の上達《じょうたつ》をねがう日でもある。この日一日、針仕事《はりしごと》はお休みするんだ。

事《こと》はじめ　この日は、農事《のうじ》をはじめる目安《めやす》の日でもあるよ。「事八日《ことようか》」ともよばれるんだ。➡12/8

ごろあわせ記念日

つばきの日／双葉《ふたば》の日／にわとりの日

たんじょう日

ジュール・ベルヌ（作家・フランス・1828年）／山本寛斎《やまもとかんさい》（ファッションデザイナー・1944年）

たんじょう花と花ことば

キンセンカ／悲《かな》しみ

9日

バレーボールが考案《こうあん》された日　アメリカの体育教師《たいいくきょうし》が、テニスをヒントに、だれでも気軽《きがる》に楽しめるスポーツとしてバレーボールを考案したよ。一八九五年のこの日のこと。

プロ野球《やきゅう》の試合《しあい》がはじめておこなわれた日　日本初《にほんはつ》のプロ野球の試合は、一九三六年のこの日に、愛知県《あいちけん》の鳴海球場《なるみきゅうじょう》でおこなわれたんだ。結果《けっか》は、名古屋金鯱《なごやきんこ》対東京巨人《たいとうきょうきょじん》の十対《たい》三。

ごろあわせ記念日

服《ふく》の日

たんじょう日

土田麦僊《つちだばくせん》（日本画家・1887年）／キャロル・キング（音楽家・アメリカ・1942年）

忌日《きにち》　手塚治虫《てづかおさむ》

たんじょう花と花ことば

ストック／永遠《えいえん》の美《び》

10日

帝国劇場《ていこくげきじょう》

日露戦争《にちろせんそう》はじまる　一九〇四年のこの日、日露戦争がはじまったんだ。

帝国劇場《ていこくげきじょう》が完成《かんせい》した日　一九一一年のこの日、東京の丸《まる》の内《うち》に「帝国劇場」が完成。日本ではじめての豪華《ごうか》な純洋式劇場《じゅんようしきげきじょう》だったよ。すべていすの客席《きゃくせき》で、それまでの劇場とはまったくちがうつくりだったんだ。

ごろあわせ記念日

ニットの日／ふきのとうの日

たんじょう日

新井白石《あらいはくせき》（儒学者《じゅがくしゃ》・1657年）／平塚《ひらつか》らいてう《ちょう》（社会運動家《しゃかいうんどうか》・1886年）／ボリス・パステルナーク（作家・ロシア・1890年）

たんじょう花と花ことば

ヒマラヤユキノシタ／秘《ひ》めた感情《かんじょう》

11日

建国記念《けんこくきねん》の日　一九六六年に国民《こくみん》の祝日《しゅくじつ》に制定《せいてい》。かつては、初代天皇《しょだいてんのう》の神武天皇即位《じんむてんのうそくい》の日である「紀元節《きげんせつ》」として祝《いわ》われていた日だよ。

科学《かがく》における女性《じょせい》と女児《じょじ》の国際《こくさい》デー　世界《せかい》の国ぐにで、女性と女児の一人ひとりが「科学への完全《かんぜん》かつ平等《びょうどう》な参加《さんか》」を達成《たっせい》するための日だよ。二〇一五年に制定されたんだ。

たんじょう日

トーマス・エジソン（発明家《はつめいか》・アメリカ・1847年）／小林古径《こばやしこけい》（日本画家・1883年）／折口信夫《おりぐちしのぶ》（国文学者《こくぶんがくしゃ》・1887年）／丸木俊《まるきとし》（洋画家《ようがか》・1912年）

たんじょう花と花ことば

フリージア／あどけなさ

12日

江戸幕府《えどばくふ》のはじまり　徳川家康《とくがわいえやす》が征夷大将軍《せいいたいしょうぐん》に任《にん》じられ、江戸幕府がスタートしたのは、一六〇三年のこの日のことだった。

植村直己《うえむらなおみ》マッキンリー登頂《とうちょう》　一九八四年のこの日、植村直己（➡5／11）が北米最高峰《ほくべいさいこうほう》、アラスカのマッキンリーの冬季単独登頂《とうきたんどくとうちょう》に世界ではじめて成功《せいこう》。ただ、登頂を報告《ほうこく》したのち、消息不明《しょうそくふめい》になってしまった。

たんじょう日

チャールズ・ダーウィン（博物学者《はくぶつがくしゃ》・イギリス・1809年）／**エイブラハム・リンカーン**（政治家《せいじか》・アメリカ・1809年）／**植村直己《うえむらなおみ》**（冒険家《ぼうけんか》・1941年）

たんじょう花と花ことば

ネコヤナギ／自由《じゆう》

13日

世界ラジオデー　一九四六年のこの日、国連《こくれん》によって、おもに国連総会《こくれんそうかい》などを世界にむけて放送《ほうそう》する、国際連合放送《こくさいれんごうほうそう》が開設《かいせつ》されたよ。ラジオの重要性《じゅうようせい》について意識《いしき》を高める記念日《きねんび》。すきなラジオ番組《ばんぐみ》はある？　ラジオはきくほどに親しみのわくメディアなんだ。➡3／22、4／21、7／12

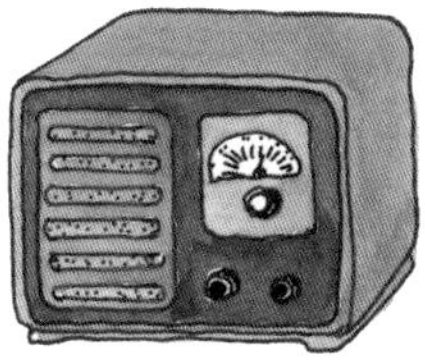

ラジオ

たんじょう日

渋沢栄一《しぶさわえいいち》（実業家《じつぎょうか》・1840年）／**内村鑑三《うちむらかんぞう》**（キリスト教指導者《きょうしどうしゃ》・1861年）／**宮本百合子《みやもとゆりこ》**（作家・1899年）

たんじょう花と花ことば

ローダンセ／光輝《こうき》

14日

聖《せい》バレンタインデー　自由結婚禁止令《じゆうけっこんきんしれい》に反対《はんたい》していた司祭《しさい》バレンタインは、ローマ皇帝《こうてい》の迫害《はくがい》によって殉教《じゅんきょう》したんだ。二六九年ごろのことだといわれている。ヨーロッパではこの日を「愛《あい》の日」とし、花やケーキ、カードをおくる風習《ふうしゅう》がうまれたよ。殉教とは、信仰《しんこう》する宗教《しゅうきょう》のために、命《いのち》をささげること。

ごろあわせ記念日

煮干《にぼし》の日　に(2)ぼ(棒《ぼう》=1)し(4)／**ふんどしの日**　ふ(2)んど(10)し(4)

たんじょう日

豊田佐吉《とよださきち》（発明家《はつめいか》・1867年）／**中川一政《なかがわかずまさ》**（洋画家・1893年）／**小松崎茂《こまつざきしげる》**（挿絵画家《さしえがか》・1915年）

たんじょう花と花ことば

シネラリア／つねに快活《かいかつ》

豆クイズ

郵便《ゆうびん》マークが「丁《てい》」ときめられたのは、一八八七年の二月八日のこと。そのマークがいまの「〒」に変更《へんこう》されたのは、この日からどのくらいたったとき？

① 六日後
② 六か月後
③ 六年後

答えは下にあるよ

答え：①「丁《てい》」は、国際郵便《こくさいゆうびん》の料金不足《りょうきんぶそく》「T《ティー》」マークに似《に》ていたから変更《へんこう》したんだ

15日

日本初《にほんはつ》のＳＬ《エスエル》が登場《とうじょう》　日本ではじめて蒸気機関車《じょうききかんしゃ》（ＳＬ）が登場したのは、一八五四年のこの日のことだったよ。アメリカ大統領《だいとうりょう》から幕府《ばくふ》へのプレゼントとしておくられた、ミニＳＬだ。

たんじょう日

一遍上人《いっぺんしょうにん》（僧侶《そうりょ》・1239年）／**ガリレオ・ガリレイ**（物理《ぶつり》、天文学者《てんもんがくしゃ》・イタリア・1564年）／**井伏鱒二《いぶせますじ》**（作家・1898年）／**松谷《まつたに》みよ子《こ》**（児童文学作家《じどうぶんがくさっか》・1926年）

忌日《きにち》　吉田兼好《よしだけんこう》

たんじょう花と花ことば

ヒナギク／おとめの無邪気《むじゃき》

16日

カストロが首相《しゅしょう》に就任《しゅうにん》　一九五九年のこの日、キューバの革命政権《かくめいせいけん》で弁護士出身《べんごししゅっしん》のフィデル・カストロが首相に就任したよ。

京都議定書発効《きょうとぎていしょはっこう》の日　二〇〇五年のこの日、気候変動《きこうへんどう》への国際的《こくさいてき》な取《と》り組《く》みをさだめた条約《じょうやく》、京都議定書が発効したよ。この条約は、一九九七年に京都でひらかれた会議《かいぎ》で採択《さいたく》されたんだ。

フィデル・カストロ

たんじょう日

大隈重信《おおくましげのぶ》（政治家《せいじか》・1838年）／**保井《やすい》コノ**（植物学者《しょくぶつがくしゃ》・1880年）／**安田靫彦《やすだゆきひこ》**（日本画家・1884年）

忌日　西行《さいぎょう》

たんじょう花と花ことば

フキノトウ／愛嬌《あいきょう》

17日

ツタンカーメンの墓《はか》を発掘《はっくつ》　古代《こだい》エジプト王の墓の発掘を八年間もつづけていた考古学者《こうこがくしゃ》のハワード・カーターらイギリス人の二人が、一九二三年のこの日、とうとうツタンカーメン王の墓室《ぼしつ》にはいったよ。⇒11/5

フォルクスワーゲン一五〇〇万台を突破《とっぱ》　ドイツの自動車《じどうしゃ》、フォルクスワーゲン社のビートルが、一五〇〇万台生産《せいさん》を達成《たっせい》。一九七二年のこの日のこと。

たんじょう日

フィリップ・フランツ・フォン・シーボルト（医師《いし》・ドイツ・1796年）／**島崎藤村《しまざきとうそん》**（詩人《しじん》、作家・1872年）／**梶井基次郎《かじいもとじろう》**（作家・1901年）

忌日　坂口安吾《さかぐちあんご》

たんじょう花と花ことば

ソラマメ／あこがれ

18日

冥王星《めいおうせい》、発見《はっけん》される　一九三〇年のこの日、アメリカのローウェル天文台《てんもんだい》の天文学者《てんもんがくしゃ》トンボーが、太陽を公転《こうてん》する天体を写真観測《しゃしんかんそく》で発見したよ。「冥王星」と名づけられたこの天体は、はじめは惑星《わくせい》だと考えられていたけれど、二〇〇六年に準惑星《じゅんわくせい》とされたんだ。

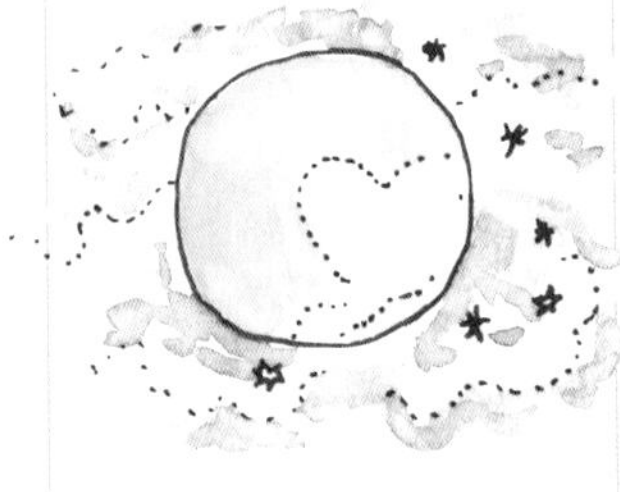

たんじょう日

エルンスト・マッハ（物理学者《ぶつりがくしゃ》・オーストリア・1838年）／**トニ・モリスン**（作家・アメリカ・1931年）／**オノ・ヨーコ**（現代美術家《げんだいびじゅつか》・1933年）

忌日　岡本《おかもと》かの子《こ》

たんじょう花と花ことば

タンポポ／思わせぶり

19日

万国郵便連合《ばんこくゆうびんれんごう》に加盟《かめい》を申請《しんせい》　日本が万国郵便連合への加盟を申請したのは、一八七七年のこの日のことだよ。この加盟により、日本も多くの国と、直接《ちょくせつ》郵便《ゆうびん》を交換《こうかん》できるようになったんだ。➡1/8

大塩平八郎《おおしおへいはちろう》の乱《らん》　一八三七年のこの日、天保《てんぽう》の飢《き》きんに苦《くる》しむ民《たみ》の救済《きゅうさい》のため、大坂《おおさか》（いまの大阪《おおさか》）の大塩平八郎が乱をおこしたんだ。

たんじょう日

ニコラウス・コペルニクス（天文学者・ポーランド・1473年）／**スベン・ヘディン**（地理学者《ちりがくしゃ》・スウェーデン・1865年）

たんじょう花と花ことば

スミレ／謙虚《けんきょ》

20日

歌舞伎《かぶき》の日　一六〇七年のこの日、江戸城《えどじょう》で徳川家康《とくがわいえやす》や諸大名《しょだいみょう》を前に、出雲阿国《いずものおくに》がはじめて歌舞伎おどりを披露《ひろう》して大成功《だいせいこう》。

世界社会正義《せかいしゃかいせいぎ》の日　二〇〇七年の国連総会《こくれんそうかい》で制定《せいてい》された、国際《こくさい》デー。貧困《ひんこん》の撲滅《ぼくめつ》と公平《こうへい》な社会の実現《じつげん》を目指《めざ》し、人びとによびかけていくよ。

ごろあわせ記念日

夫婦円満《ふうふえんまん》の日　ふ（2）うふ（2）円《えん》（0）満《まん》

たんじょう日

石川啄木《いしかわたくぼく》（歌人《かじん》・1886年）／**黛敏郎《まゆずみとしろう》**（作曲家《さっきょくか》・1929年）／**長嶋茂雄《ながしましげお》**（野球選手《やきゅうせんしゅ》、監督《かんとく》・1936年）

忌日　小林多喜二《こばやしたきじ》

たんじょう花と花ことば

オウバイ／恩恵《おんけい》

21日

東京初《とうきょうはつ》の日刊新聞《にっかんしんぶん》が創刊《そうかん》　一八七二年のこの日、東京でさいしょの日《にっ》刊紙《かんし》『東京日日新聞《とうきょうにちにちしんぶん》』が創刊されたよ。現在《げんざい》の『毎日新聞《まいにちしんぶん》』の前身《ぜんしん》なんだ。

国際母語《こくさいぼご》デー　ユネスコが、バングラデシュの「言語運動記念日《げんごうんどうきねんび》」にちなんで、一九九九年に制定した国際デーだよ。言語《げんご》と文化《ぶんか》の多様性《たようせい》、多《た》言語《げんご》の使用《しよう》、母語の尊重《そんちょう》を推進《すいしん》することが目的《もくてき》なんだ。

たんじょう日

石垣《いしがき》りん（詩人・1920年）／**ユベール・ド・ジバンシィ**（ファッションデザイナー・フランス・1927年）／**ニナ・シモーン**（歌手《かしゅ》、ピアニスト・アメリカ・1933年）

たんじょう花と花ことば

ヒガンザクラ／精神美《せいしんび》

22日

世界友情《せかいゆうじょう》の日　ボーイスカウトの創始者《そうししゃ》、イギリスのベーデン-パウエル卿《きょう》とその妻《つま》がともにこの日が誕生日《たんじょうび》だったことを記《き》念《ねん》して、一九六三年に世界《せかい》スカウト会議《かいぎ》で制定されたんだ。

吉野《よしの》ヶ《が》里《り》遺跡発見《いせきはっけん》　一九八九年のこの日、佐賀県《さがけん》の吉野《よしの》ヶ《が》里《り》町《ちょう》で、弥生時代《やよいじだい》の国内最大規模《こくないさいだいきぼ》の環濠集落《かんごうしゅうらく》がみつかったよ。

吉野《よしの》ヶ《が》里《り》遺跡《いせき》

ごろあわせ記念日

猫《ねこ》の日

たんじょう日

ジョージ・ワシントン（政治家・アメリカ・1732年）／**高浜虚子《たかはまきょし》**（俳人《はいじん》・1874年）／**三浦環《みうらたまき》**（オペラ歌手・1884年）

たんじょう花と花ことば

アフェランドラ／すてきな心

23日

クローン羊《ひつじ》のドリー

天皇誕生日《てんのうたんじょうび》　国民《こくみん》の祝日《しゅくじつ》。一九六〇年生誕《せいたん》。

世界初《せかいはつ》のクローン羊《ひつじ》が誕生《たんじょう》したと報道《ほうどう》　世界初のクローン羊が、一九九六年七月にスコットランドの研究所《けんきゅうじょ》でうまれたんだ。一九九七年のこの日に報道されたよ。

ごろあわせ記念日

ふろしきの日　つ（2）つ（2）み（3）

たんじょう日

ゲオルク・フリードリヒ・ヘンデル（作曲家《さっきょくか》・ドイツ・1685年）／**エーリッヒ・ケストナー**（児童文学作家《じどうぶんがくさっか》・ドイツ・1899年）

たんじょう花と花ことば

ジンチョウゲ／不死《ふし》

24日

足ぶみミシンの講習布告《こうしゅうふこく》　一八六八年のこの日、幕府《ばくふ》は裁縫用《さいほうよう》の足ぶみミシンの講習をひらくという布告をしたよ。舶来《はくらい》のミシンはまだ高価《こうか》で、なかなかふつうの家庭《かてい》では手にはいらなかったころの話なんだ。

たんじょう日

ウィルヘルム・グリム（民話収集家《みんわしゅうしゅうか》・ドイツ・1786年）／**ミシェル・ルグラン**（作曲家・フランス・1932年）

忌日《きにち》　ドナルド・キーン（黄犬忌《キーンき》）

たんじょう花と花ことば

クロッカス／青春《せいしゅん》のよろこび

25日

梅花祭《ばいかさい》　菅原道真《すがわらのみちざね》が九州《きゅうしゅう》の太宰府《だざいふ》で亡《な》くなったのは九〇三年のこの日。道真をまつる京都《きょうと》の北野天満宮《きたのてんまんぐう》では、梅《うめ》の花を献《けん》じておまつりするよ。

モハメド・アリ、ヘビー級《きゅう》チャンピオンに　一九六四年のこの日、ボクシング世界《せかい》ヘビー級タイトルマッチで、モハメド・アリが六回でＴＫＯ《ティーケーオー》勝《が》ちをしたんだ。

たんじょう日

蓮如《れんにょ》（僧侶《そうりょ》・1415年）／**瓜生岩《うりゅういわ》**（慈善事業家《じぜんじぎょうか》・1829年）／**オーギュスト・ルノワール**（画家・フランス・1841年）

忌日　斎藤茂吉《さいとうもきち》

たんじょう花と花ことば

カランコエ／あなたをまもる

26日

脱出《だっしゅつ》の日　一八一四年に退位《たいい》したナポレオン・ボナパルトが、流刑地《るけいち》エルバ島《とう》から脱出したのは一八一五年のこの日のことだよ。

二《に》・二《に》六《ろく》事件《じけん》　一九三六年のこの日、近衛《このえ》歩兵第《ほへいだい》三連隊《れんたい》など、一四〇〇人の兵士《へいし》が国家改造《こっかかいぞう》を要求《ようきゅう》して反乱《はんらん》をおこした。政府《せいふ》の要人《ようじん》を何人も殺害《さつがい》し、東京の永田町《ながたちょう》を占拠《せんきょ》したものの、二十九日には鎮圧《ちんあつ》され、失敗《しっぱい》におわった。

たんじょう日

ビクトル・ユゴー（作家・フランス・1802年）／**与謝野鉄幹《よさのてっかん》**（歌人《かじん》・1873年）／**岡本太郎《おかもとたろう》**（芸術家《げいじゅつか》・1911年）

たんじょう花と花ことば

スノードロップ／なぐさめ

27日

新撰組《しんせんぐみ》の日　幕末《ばくまつ》の京都で、新撰組の前身《ぜんしん》である壬生浪士組《みぶろうしぐみ》が結成《けっせい》されたよ。一八六三年のこの日のことだ。

パリ万博開幕《ばんぱくかいまく》　一八六七年四月一日（日本の旧暦《きゅうれき》二月二十七日）にパリ万国博覧会《ばんこくはくらんかい》が開幕《かいまく》し、日本がはじめて出展《しゅってん》した。幕末《ばくまつ》の混乱期《こんらんき》だったため、江戸幕府《えどばくふ》に対抗《たいこう》して薩摩藩《さつまはん》、佐賀藩《さがはん》なども競《きそ》って陶器《とうき》、漆器《しっき》、刀《かたな》、錦絵《にしきえ》などを出品《しゅっぴん》したよ。

たんじょう日

ジョン・スタインベック（作家・アメリカ・1902年）／**エリザベス・テイラー**（俳優《はいゆう》・アメリカ・1932年）

たんじょう花と花ことば

クモマグサ／活力《かつりょく》

28日

ビスケットの日　一八五五年のこの日、長崎《ながさき》に留学《りゅうがく》していた水戸藩《みとはん》の柴田方庵《しばたほうあん》が藩《はん》あてに書いた手紙には、「パン、ビスコイト製法書《せいほうしょ》」というビスケットのつくりかたが同封《どうふう》されていたんだ。ビスケットの語源《ごげん》はラテン語で、「二度《ど》（ｂｉｓ《ビス》）焼《や》いた（ｃｏｃｔｕｓ《コクトゥス》）もの」という意味《いみ》だよ。これが変化《へんか》して「ビスケット」になったってわけ。

たんじょう日

佐久間象山《さくましょうざん》（思想家《しそうか》・1811年）／**高村光雲《たかむらこううん》**（彫刻家《ちょうこくか》・1852年）／**二葉亭四迷《ふたばていしめい》**（作家・1864年）

忌日　**千利休《せんのりきゅう》**

たんじょう花と花ことば

ユキワリソウ／優雅《ゆうが》

29日

うるう日《び》　四年にいちどめぐってくる日。うるう年《どし》には、ほかの年にはない二月二十九日が、うるう日としてプラスされるよ。＊一年は、正確《せいかく》にいうと三六五・二四二二九日。ここから三六五をひいて、あまった〇・二四二二九日に四をかけると一日に近くなる。それが、うるう日っていうわけなんだ。

＊こうすると、四年間で〇・〇三一二日分だけ暦《こよみ》がすすんでしまう。そこで、四百年に三回は、うるう年だけど三六五日のままにしておくんだ。

たんじょう日

ジョアキーノ・ロッシーニ（作曲家・イタリア・1792年）／**マキノ雅弘《まさひろ》**（映画監督《えいがかんとく》・1908年）／**兼高《かねたか》かおる**（ジャーナリスト・1928年）

たんじょう花と花ことば

ヨモギ／幸福《こうふく》

豆クイズ

ビスケットには、針《はり》であけたような細《こま》かいあなが、たくさんあいているよね。どうしてかな？

①ビスケット特有《とくゆう》のかざりとして
②焼《や》いたときに生地がふくらまないように
③こげつきをふせぐため

答えは下にあるよ

答え：②　焼《や》くときに生地からでる気体を、あなからにがすことで、生地がふくらまずになめらかな表面《ひょうめん》に焼きあがる

3
月

弥生《やよい》

3月のたんじょう石：アクアマリン

宝石《ほうせき》ことば：聡明《そうめい》

3月の祝日《しゅくじつ》：春分の日
（20～21日ごろ）

3月の色：水色

1日

第五《だい》福竜丸《ふくりゅうまる》

ビキニデー　アメリカは一九五四年のこの日、太平洋《たいへいよう》ビキニ環礁《かんしょう》で水爆《すいばく》実験《じっけん》をおこなった。日本のマグロ漁船《ぎょせん》・第《だい》五福竜丸《ふくりゅうまる》は、指定《してい》された危険《きけん》水域《すいいき》外《がい》にいたにもかかわらず、「死《し》の灰《はい》」をあびて被爆《ひばく》した。このことにちなんで、この日は世界的《せかいてき》な反核《はんかく》・反原子力運動《はんげんしりょくうんどう》がおこなわれるんだ。第五福竜丸は、東京の夢《ゆめ》の島公園《しまこうえん》で保存《ほぞん》・公開《こうかい》されているよ。

ごろあわせ記念日

マーチの日　英語《えいご》のMarch《マーチ》（3月）から

たんじょう日

和辻哲郎《わつじてつろう》（哲学者《てつがくしゃ》・1889年）／**岡本《おかもと》かの子《こ》**（作家・1889年）／**芥川《あくたがわ》龍之介《りゅうのすけ》**（作家・1892年）

たんじょう花と花ことば

タネツケバナ／情熱《じょうねつ》

2日

初《はつ》の南極大陸横断《なんきょくたいりくおうだん》に成功《せいこう》　一九五八年のこの日、イギリス隊《たい》が南極大陸の横断に成功したよ。

中国残留孤児初来日《ちゅうごくざんりゅうこじはつらいにち》　一九八一年のこの日、第《だい》二次世界大戦《じせかいたいせん》の敗戦《はいせん》で肉親《にくしん》とはなればなれになり、中国でくらしていた日本人孤児《にっぽんじんこじ》が、はじめて来日。来日した四十七人のうち二十六人は、肉親が判明《はんめい》したよ。

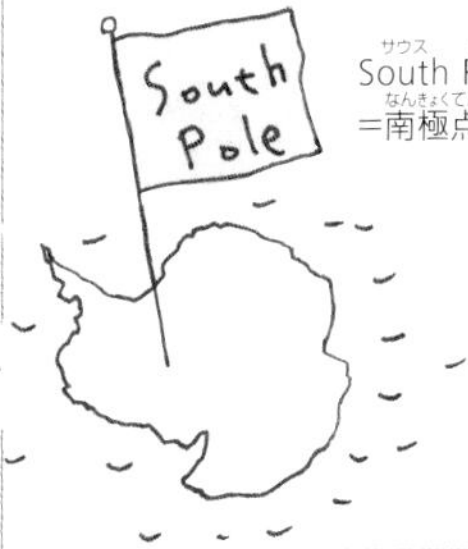

South《サウス》 Pole《ポール》
=南極点《なんきょくてん》

ごろあわせ記念日

ミニの日

たんじょう日

ベドルジハ・スメタナ（作曲家《さっきょくか》・チェコ・1824年）／**ミハイル・ゴルバチョフ**（政治家《せいじか》・ソ連《れん》・1931年）／**加藤《かとう》シヅエ**（社会運動家《しゃかいうんどうか》・1897年）

たんじょう花と花ことば

アイスランドポピー／なぐさめ

3日

桜田門外《さくらだもんがい》の変《へん》　一八六〇年のこの日の朝、大老《たいろう》の井伊直弼《いいなおすけ》が、江戸城《えどじょう》の桜田門外で水戸浪士《みとろうし》らに暗殺《あんさつ》されたんだ。

ひなまつり　女の子の成長《せいちょう》をねがい、祝《いわ》う日。おひなさまをかざってちらしずしで祝う。桃《もも》の節句《せっく》ともいうよ。江戸時代《えどじだい》にはひなまつりに金魚《きんぎょ》がかざられたことから、「金魚の日」ともされているんだ。

ごろあわせ記念日

耳の日

たんじょう日

グラハム・ベル（発明家《はつめいか》・イギリス・1847年）／**坪田譲治《つぼたじょうじ》**（児童文学《じどうぶんがく》作家《さっか》・1890年）／**いぬいとみこ**（児童文学作家・1924年）

たんじょう花と花ことば

ハナモモ／恋《こい》のとりこ

4日

杉田玄白《すぎたげんぱく》、前野良沢《まえのりょうたく》が人体解剖《じんたいかいぼう》を見学　一七七一年のこの日、江戸《えど》の小塚原刑場《こづかはらけいじょう》でおこなわれた腑《ふ》わけ（解剖《かいぼう》）を、杉田玄白、前野良沢ら数人の医師《いし》が見学した。二人は、もっていたオランダ語《ご》の西洋医学書《せいよういがくしょ》『ターヘル・アナトミア』が正確《せいかく》だったことに感動《かんどう》、日本語に翻訳《ほんやく》するきっかけとなったよ。

翻訳《ほんやく》された『解体新書《かいたいしんしょ》』

ごろあわせ記念日

ミシンの日／三線《さんしん》の日

たんじょう日

賀茂真淵《かものまぶち》（国学者《こくがくしゃ》・1697年）／**ポール・モーリア**（作曲家・フランス・1925年）／**ミリアム・マケバ**（歌手・南アフリカ・1932年）

たんじょう花と花ことば

イヌノフグリ／信頼《しんらい》

5日

カラカウア国王

ハワイの国王、天皇《てんのう》に謁見《えっけん》　一八八一年のこの日、ハワイのカラカウア国王が天皇に謁見したんだ。日本の開国後《かいこくご》、初《はつ》の外国元首の訪日《ほうにち》だったよ。これを機《き》に、日本からハワイへの移民《いみん》がはじまったんだ。

ごろあわせ記念日
サンゴの日

たんじょう日
安藤百福《あんどうももふく》（実業家《じつぎょうか》・1910年）／ピエル・パオロ・パゾリーニ（映画監督《えいがかんとく》・イタリア・1922年）／今田美奈子《いまだみなこ》（洋菓子研究家《ようがしけんきゅうか》・1935年）

たんじょう花と花ことば
クンシラン／貴《とうと》い

6日

小惑星《しょうわくせい》を観測《かんそく》　一九〇〇年のこの日、天文学者《てんもんがくしゃ》の平山信《ひらやましん》がふたつの小惑星を観測したんだ。それぞれ「ＴＯＫＩＯ（東京）」「ＮＩＰＰＯＮＩＡ（日本）」と命名《めいめい》されたよ。

新聞《しんぶん》、雑誌《ざっし》創刊《そうかん》　一九四六年のこの日、日本初の日刊《にっかん》スポーツ新聞『日刊スポーツ』が創刊されたんだ。また一九五七年のこの日には、日本で初の女性週刊誌《じょせいしゅうかんし》『週刊女性《しゅうかんじょせい》』が創刊されたよ。

たんじょう日
岡部伊都子《おかべいつこ》（随筆家《ずいひつか》・1923年）／ガルシア・マルケス（作家・コロンビア・1927年）／ワレンチナ・テレシコワ（宇宙飛行士《うちゅうひこうし》・ソ連《れん》・1937年）

忌日《きにち》　菊池寛《きくちかん》

たんじょう花と花ことば
ツクシ／おどろき

7日

青函連絡船《せいかんれんらくせん》

消防記念日《しょうぼうきねんび》　一九四八年のこの円、消防組織法《しょうぼうそしきほう》が施行《しこう》された。警察《けいさつ》の組織《そしき》だった消防が、自治体《じちたい》の組織として独立《どくりつ》したんだ。

青函連絡船《せいかんれんらくせん》運行開始《うんこうかいし》　青森～函館間《はこだてかん》に連絡船がはじめて運行《うんこう》されたのは、一九〇八年のこの日のこと。青函トンネルが開通して交通《こうつう》手段《しゅだん》がかわるまでの八十年間、人や車をはこびつづけたよ。⬇3/13

ごろあわせ記念日
サウナの日

たんじょう日
ルーサー・バーバンク（園芸家《えんげいか》・アメリカ・1849年）／ピエト・モンドリアン（画家・オランダ・1872年）／モーリス・ラベル（作曲家《さっきょくか》・フランス・1875年）

たんじょう花と花ことば
カンパニュラ／感謝《かんしゃ》

8日

国際女性《こくさいじょせい》デー　一九〇四年のこの日、ニューヨークの女性労働者《じょせいろうどうしゃ》が集《しゅう》会《かい》をひらいたんだ。六年後の一九一〇年には、第《だい》二回国際社会主義女性会議《かいこくさいしゃかいしゅぎじょせいかいぎ》がおこなわれたよ。ここで「国際的《こくさいてき》な女性の日をつくろう」と提《てい》案《あん》されたのをきっかけに、一九七五年に国連《こくれん》で制定《せいてい》された日なんだ。

ごろあわせ記念日
みつばちの日

たんじょう日
松井須磨子《まついすまこ》（俳優《はいゆう》・1886年）／水上勉《みずかみつとむ》（作家・1919年）／水木《みずき》しげる（まんが家・1922年）

たんじょう花と花ことば
ニゲラ／当惑《とうわく》

9日

日本初の記念切手発行《きねんきってはっこう》　日本でさいしょの記念切手が発行されたのは、一八九四年のこの日だよ。明治天皇《めいじてんのう》の結婚《けっこん》二十五周年《しゅうねん》を祝《いわ》う記念切手だったんだ。

ごろあわせ記念日

3.9デイ（ありがとうを届《とど》ける日）

たんじょう日

梅原龍三郎《うめはらりゅうざぶろう》（洋画家《ようがか》・1888年）／大塚末子《おおつかすえこ》（ファッションデザイナー・1902年）／ユーリイ・ガガーリン（宇宙飛行士・ソ連・1934年）

たんじょう花と花ことば

アセビ／犠牲《ぎせい》

10日

日本初の博覧会《はくらんかい》　一八七二年のこの日、東京の湯島聖堂《ゆしませいどう》でひらかれたよ。展示品《てんじひん》は、きものや外国の名所《めいしょ》の絵など。

東京大空襲《とうきょうだいくうしゅう》の日／東京《とうきょう》都《と》平和《へいわ》の日　一九四五年のこの日、アメリカ軍《ぐん》のB《ビー》29爆撃機《ばくげきき》による東京大空襲があったんだ。死傷者《ししょうしゃ》は約《やく》十二万人、二十七万戸の家が焼《や》かれた。

ごろあわせ記念日

砂糖《さとう》の日／サボテンの日

たんじょう日

ケイト・シェパード（社会運動家《しゃかいうんどうか》・ニュージーランド・1848年）／山下清《やましたきよし》（画家・1922年）／大橋鎮子《おおはししずこ》（編集者《へんしゅうしゃ》・1920年）／三代目古今亭志ん朝《だいめここんていしちょう》（落語家《らくごか》・1938年）

たんじょう花と花ことば

ルピナス／空想《くうそう》

11日

東日本大震災《ひがしにほんだいしんさい》　二〇一一年のこの日、マグニチュード九・〇を記録《きろく》する東北《とうほく》地方《ちほう》太平洋沖《たいへいようおき》地震《じしん》がおきた。巨大津波《きょだいつなみ》が広い範囲《はんい》におしよせ、東北から関東《かんとう》地方《ちほう》を中心に甚大《じんだい》な被害《ひがい》をもたらした。死者《ししゃ》・行方不明者《ゆくえふめいしゃ》は二万二〇〇〇人あまり、避難《ひなん》した人は四十七万人以上《いじょう》。東京電力福島第《とうきょうでんりょくふくしまだい》一原子力発電所《げんしりょくはつでんしょ》にも深刻《しんこく》な被害があり、そのすべてを解決《かいけつ》するにはまだまだ時間がかかる。

たんじょう日

深田久弥《ふかだきゅうや》（作家・1903年）／石牟礼道子《いしむれみちこ》（作家・1927年）

たんじょう花と花ことば

ユキヤナギ／殊勝《しゅしょう》

12日

塩《しお》の行進《こうしん》　インドのマハトマ・ガンジーが「塩の行進」をはじめたのは、一九三〇年のこの日のことだ。イギリスによる塩の専売《せんばい》制《せい》に抗議《こうぎ》し、植民地支配《しょくみんちしはい》の不当《ふとう》さを説《と》いたんだ。ガンジーは同《どう》志《し》とともに海岸《かいがん》を歩きながら塩をひろい、約三八〇キロの距離《きょり》を行進《こうしん》したよ。➡1／30、10／2

ごろあわせ記念日

サイフの日

たんじょう日

ジャック・ケルアック（作家・アメリカ・1922年）／ジェイムズ・テイラー（音楽家・アメリカ・1948年）

忌日　孫文《そんぶん》

たんじょう花と花ことば

レンゲソウ／あなたは幸福《こうふく》です

13日

青函《せいかん》トンネル開業《かいぎょう》　JR《ジェイアール》津軽海峡線《つがるかいきょうせん》の青函トンネルが開業《かいぎょう》したのは、一九八八年のこの日だよ。全長《ぜんちょう》五十三・八五キロメートル、世界最長《せかいさいちょう》の海底《かいてい》トンネルなんだ。世界初《せかいはつ》の海底駅《かいていえき》ももうけられたよ。3/7

天王星《てんのうせい》みつかる　ドイツうまれの音楽家ハーシェルは、天文《てんもん》にもくわしくて、一七八一年のこの日、天王星をみつけたんだ。

たんじょう日

ジェイムス・ヘボン（宣教師《せんきょうし》・アメリカ・1815年）／**高村光太郎《たかむらこうたろう》**（詩人《しじん》、彫刻家《ちょうこくか》・1883年）／**大山康晴《おおやまやすはる》**（将棋棋士《しょうぎきし》・1923年）

忌日《きにち》　**原民喜《はらたみき》**（花幻忌《かげんき》）

たんじょう花と花ことば

アネモネ／あなたを愛《あい》します

14日

松《まつ》のろうかの刃傷事件《にんじょうじけん》　一七〇一年のこの日、赤穂藩《あこうはん》の藩主《はんしゅ》、浅野《あさの》内匠頭長矩《たくみのかみながのり》が、江戸城《えどじょう》の松のろうかで吉良上野介義央《きらこうずけのすけよしひさ》を切りつけた。浅野は切腹《せっぷく》、赤穂藩は断絶《だんぜつ》。これが「忠臣蔵《ちゅうしんぐら》」のきっかけだ。12/14

大阪万博開幕《おおさかばんぱくかいまく》　一九七〇年のこの日、大阪万博が開幕。「人類《じんるい》の進歩《しんぽ》と調和《ちょうわ》」をテーマに、当時最多《とうじさいた》の七十七か国が参加《さんか》したんだ。

松《まつ》のろうかの刃傷事件《にんじょうじけん》

ごろあわせ記念日

円周率《えんしゅうりつ》の日

たんじょう日

ヨハン・シュトラウス一世《せい》（作曲家《さっきょくか》・オーストリア・1804年）／**アルベルト・アインシュタイン**（物理学者《ぶつりがくしゃ》・ドイツ・1879年）

たんじょう花と花ことば

カモミール／仲直《なかなお》り

15日

くつの日　一八七〇年のこの日に、東京の築地入船町《つきじいりふねちょう》に日本初《にほんはつ》の西洋《せいよう》ぐつの工場ができたよ。幕末《ばくまつ》にヨーロッパのくつが日本におめみえしたときは、「西洋ぞうり」とよばれていたんだって。けれど、ヨーロッパのくつは日本人の足にはあわなかったので、明治時代《めいじじだい》になって日本人のためのくつをつくる工場ができたんだ。

たんじょう日

アンドリュー・ジャクソン（政治家《せいじか》・アメリカ・1767年）／**エミール・フォン・ベーリング**（細菌学者《さいきんがくしゃ》・ドイツ・1854年）／**長谷川伸《はせがわしん》**（作家・1884年）

たんじょう花と花ことば

シラー／さびしい

16日

国立公園指定《こくりつこうえんしてい》　一九三四年のこの日、日本ではじめて国立公園が指定された。はじめに瀬戸内海《せとないかい》、雲仙《うんぜん》、霧島《きりしま》の三か所、さらにこの年の十二月四日には、阿寒《あかん》、大雪山《だいせつざん》、日光《にっこう》、中部山岳《ちゅうぶさんがく》、阿蘇《あそ》も追加指定《ついかしてい》されたよ。いまは三十四か所が指定されている。10/8

瀬戸内海《せとないかい》

ごろあわせ記念日

財務《ざいむ》の日

たんじょう日

ゲオルク・オーム（物理学者・ドイツ・1789年）／**ベルナルド・ベルトルッチ**（映画監督《えいがかんとく》・イタリア・1941年）

たんじょう花と花ことば

ハナズオウ／うらぎり

17日

セント・パトリックス・デー　アイルランドの守護聖人《しゅごせいじん》、セント・パトリックの命日《めいにち》。カトリックの祭日《さいじつ》で、アイルランド共和国《きょうわこく》の祝《しゅく》祭日《さいじつ》でもあるよ。アイルランド系移民《けいいみん》の多い地域《ちいき》でも盛大《せいだい》なお祭《まつ》りになっているんだって。アメリカのニューヨークでは、シンボルカラーのみどり色の服《ふく》を着《き》た人たちが大きなパレードをするんだ。

たんじょう日
金森徳次郎《かなもりとくじろう》（政治家・1886年）／**ケイト・グリーナウェイ**（挿絵画《さしえが》家《か》・イギリス・1846年）／**ナット・キング・コール**（音楽家・アメリカ・1919年）

たんじょう花と花ことば
サンシュユ／持続《じぞく》

18日

点字ブロックの日　視覚障害者《しかくしょうがいしゃ》が安全《あんぜん》に歩行するための、路面上《ろめんじょう》にある点字ブロックは日本人が考案《こうあん》したよ。一九六七年のこの日に、岡山県《おかやまけん》の交差点《こうさてん》にはじめて設置《せっち》されたんだ。ブロックの上に立ちどまったり、じゃまになるものをおいたりすると、目の不自由《ふじゆう》な人が利用《りよう》できないので気をつけよう。

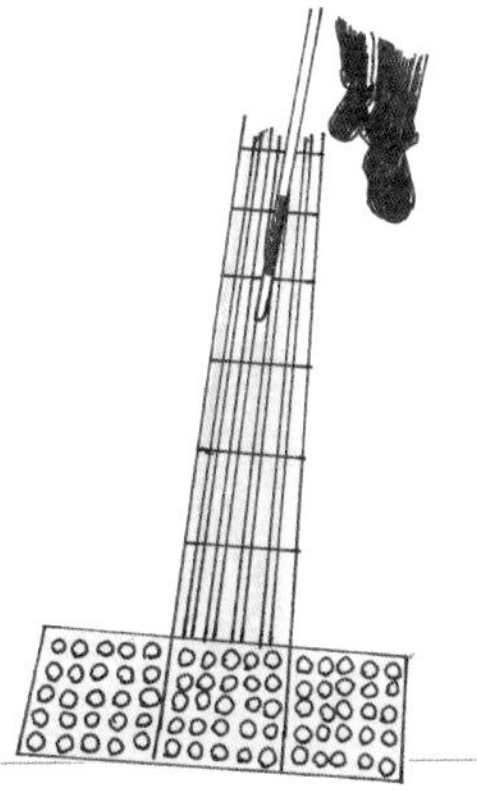

たんじょう日
ニコライ・リムスキー・コルサコフ（作曲家・ロシア・1844年）／**ルドルフ・ディーゼル**（機械技術者《きかいぎじゅつしゃ》・ドイツ・1858年）／**ワダエミ**（衣装《いしょう》デザイナー・1937年）

忌日　柿本人麻呂《かきのもとのひとまろ》

たんじょう花と花ことば
トサミズキ／清楚《せいそ》

19日

ストックホルム・アピール発表《はっぴょう》　一九五〇年のこの日、スウェーデンのストックホルムでひらかれた世界平和擁護大会《せかいへいわようごたいかい》の委員会総会《いいんかいそうかい》で、核兵器《かくへいき》の絶対禁止《ぜったいきんし》をうったえるストックホルム・アピールが発表されたんだ。

ごろあわせ記念日
ミュージックの日

たんじょう日
デイビッド・リビングストン（探検家《たんけんか》・イギリス・1813年）／**森田草平《もりたそうへい》**（作家・1881年）／**小野田寛郎《おのだひろお》**（軍人《ぐんじん》・1922年）

たんじょう花と花ことば
ベロペロネ／ひょうきん

豆クイズ

一九九四年三月十三日に、有名《ゆうめい》なネッシーの写真《しゃしん》はトリックだったとイギリスの新聞《しんぶん》が報道《ほうどう》したよ。では、どんなトリックだった？

① 着《き》ぐるみに人がはいっていた
② 潜水艦《せんすいかん》のおもちゃにネッシーの首をつけた
③ べつの場所《ばしょ》の生物《せいぶつ》との合成写真《ごうせいしゃしん》だった

答えは下にあるよ

答え：② ネッシーの首はほんの30センチメートルほどの大きさだったとか

20日

上野動物園開園記念日《うえのどうぶつえんかいえんきねんび》　日本ではじめての近代的動物園《きんだいてきどうぶつえん》が上野公園内に開園したのは、一八八二年のこの日のことだよ。➡9/4、9/25、10/28

地下鉄《ちかてつ》サリン事件発生《じけんはっせい》　一九九五年のこの日、東京の地下鉄車内《ちかてつしゃない》で猛《もう》毒《どく》のサリンがまかれ、死者《ししゃ》十四人、重軽傷者《じゅうけいしょうしゃ》六二〇〇人以上《いじょう》の被害《ひがい》がでた。のちにオウム真理教《しんりきょう》の信者《しんじゃ》による犯行《はんこう》と判明《はんめい》。

ごろあわせ記念日

サブレの日 サ（3）ブ（2）レ（0）

たんじょう日

ヘンリック・イプセン（劇作家《げきさっか》・ノルウェー・1828年）／**安野光雅《あんのみつまさ》**（画家、絵本作家・1926年）／**渡辺茂男《わたなべしげお》**（児童文学作家《じどうぶんがくさっか》、翻訳家《ほんやくか》・1928年）

たんじょう花と花ことば

ミツマタ／**意外《いがい》な思い**

21日

国際人種差別撤廃《こくさいじんしゅさべつてっぱい》デー　いかなる人種差別をも根絶《こんぜつ》しようと運動し、さらなる努力《どりょく》をしていこうと世界《せかい》によびかける国際《こくさい》デーだよ。

世界《せかい》ダウン症《しょう》の日　ダウン症のある人やその家族への理解《りかい》が深《ふか》まり、当《とう》事者《じしゃ》がその人らしくくらせるように制定《せいてい》された日。二十一番染色体《ばんせんしょくたい》は通《つう》常《じょう》二本だが、ダウン症の人には三本あることから、この日にきまったよ。

たんじょう日

ヨハン・セバスチャン・バッハ（作曲家《さっきょくか》・ドイツ・1685年）／**モデスト・ムソルグスキー**（作曲家・ロシア・1839年）／**柳宗悦《やなぎむねよし》**（思想家《しそうか》、民芸運動創始者《みんげいうんどうそうししゃ》・1889年）

たんじょう花と花ことば

マンサク／**呪文《じゅもん》**

22日

放送記念日《ほうそうきねんび》　一九二五年のこの日、現在《げんざい》のN《エヌ》H《エイチ》K《ケー》の東京放送局《とうきょうほうそうきょく》がラジオの仮《かり》放送《ほうそう》をはじめたよ。東京の芝浦《しばうら》にもうけられた東京高等工芸学校《とうきょうこうとうこうげいがっこう》の仮《かり》スタジオからの放送だったんだ。➡2/13、4/21、7/12

世界水の日　国際デーのひとつだよ。水や水資源《みずしげん》の、持続可能《じぞくかのう》な開発《かいはつ》に関連《かんれん》するとりくみのための記念日として、一九九二年の国連総会《こくれんそうかい》で制定されたんだ。

たんじょう日

中山晋平《なかやましんぺい》（作曲家・1887年）／**猿橋勝子《さるはしかつこ》**（地球化学者《ちきゅうかがくしゃ》・1920年）／**草間彌生《くさまやよい》**（芸術家《げいじゅつか》・1929年）

たんじょう花と花ことば

レンギョウ／**希望《きぼう》**

23日

世界気象《せかいきしょう》の日　世界気象機関《せかいきしょうきかん》（W《ダブリュ》M《エム》O《オー》）が発足《ほっそく》したのは一九五〇年のこの日のこと。WMOは、正確《せいかく》な気象観測《きしょうかんそく》のために、重要《じゅうよう》なデータを各国《かっこく》がスムーズに交換《こうかん》し、協力《きょうりょく》できるようにする組織《そしき》なんだ。

たんじょう日

北大路魯山人《きたおおじろさんじん》（陶芸家《とうげいか》・1883年）／**黒澤明《くろさわあきら》**（映画監督《えいがかんとく》・1910年）

たんじょう花と花ことば

ベルゲニア／**順応《じゅんのう》する**

24日

ロベルト・コッホ

世界結核《せかいけっかく》デー 一八八二年のこの日、ドイツの細菌学者《さいきんがくしゃ》コッホが結核菌《けっかくきん》を発見《はっけん》したよ。これを記念《きねん》して結核の撲滅《ぼくめつ》をよびかけようと、世界保健機関《せかいほけんきかん》（ＷＨＯ《ダブリュエイチオー》）が一九九七年に制定したんだ。

たんじょう日

ウィリアム・モリス（詩人《しじん》、デザイナー・イギリス・1834年）／**ピーター・デバイ**（物理学者《ぶつりがくしゃ》・オランダ・1884年）／**スティーブ・マックイーン**（俳優《はいゆう》・アメリカ・1930年）

忌日《きにち》 **梶井基次郎《かじいもとじろう》**（檸檬忌《れもんき》）

たんじょう花と花ことば

カタクリ／**嫉妬《しっと》**

25日

電気記念日《でんききねんび》 一八七八年のこの日に、日本ではじめて電灯《でんとう》がともったよ。中央電信局《ちゅうおうでんしんきょく》の開局《かいきょく》の祝賀会《しゅくがかい》で、いまの東京大学工学部《とうきょうだいがくこうがくぶ》のホールにアーク灯《とう》がともされたんだって。

日本の大学で初《はつ》の女性博士誕生《じょせいはくしたんじょう》 一九二七年のこの日、東京女子《とうきょうじょし》高等師範学校《こうとうしはんがっこう》の保井《やすい》コノ教授《きょうじゅ》に学位《がくい》をあたえることがみとめられたよ。

ごろあわせ記念日

散歩《さんぽ》にゴーの日 さん（3）ぽに（2）ゴー（5）

たんじょう日

アルトゥーロ・トスカニーニ（指揮《しき》者《しゃ》・イタリア・1867年）／**樋口一葉《ひぐちいちよう》**（作家・1872年）／**アリーサ・フランクリン**（歌手・アメリカ・1942年）／**橋本治《はしもとおさむ》**（作家・1948年）

たんじょう花と花ことば

オウレン／**変身《へんしん》**

26日

Happy
INDEPENDENCE
DAY
Bangladesh!

バングラデシュの国旗《こっき》

バングラデシュ独立記念日《どくりつきねんび》 東パキスタンがバングラデシュ人民《じんみん》共《きょう》和国《わこく》として、パキスタンから独立した。一九七一年のこの日のこと。

ナンシー梅木《うめき》がアカデミー助演女優賞受賞《じょえんじょゆうしょうじゅしょう》 東洋人《とうようじん》の俳優《はいゆう》としてはじめてのアカデミー賞受賞者《しょうじゅしょうしゃ》は、日本のナンシー梅木。ハリウッド映画《えいが》『サヨナラ』に出演《しゅつえん》し、一九五八年にオスカー像《ぞう》を授与《じゅよ》されたよ。

たんじょう日

エルンスト・エンゲル（統計学者《とうけいがくしゃ》・ドイツ・1821年）／**今東光《こんとうこう》**（作家・1898年）／**木山捷平《きやましょうへい》**（作家・1904年）

忌日 **与謝野鉄幹《よさのてっかん》**／**室生犀星《むろうさいせい》**

たんじょう花と花ことば

シュンラン／**気品《きひん》**

27日

松尾芭蕉《まつおばしょう》が奥《おく》の細道《ほそみち》の旅《たび》に出発《しゅっぱつ》 一六八九年、弟子《でし》の河合曾良《かわいそら》とともに江戸《えど》を出発。東北、北陸《ほくりく》からいまの岐阜県《ぎふけん》の大垣《おおがき》まで、俳句《はいく》をよみながら歩いた旅は、『奥の細道』という紀行文《きこうぶん》にまとめられたよ。

➡5/16

世界演劇《せかいえんげき》の日 一九六二年、国際演劇協会《こくさいえんげききょうかい》が、第《だい》一回《かい》シアター・オブ・ネイションズ（諸国民演劇祭《しょこくみんえんげきさい》）をパリで開催《かいさい》したよ。

松尾芭蕉《まつおばしょう》と弟子《でし》の河合曾良《かわいそら》

ごろあわせ記念日

さくらの日 3×9（さくら）＝27

たんじょう日

ウィルヘルム・レントゲン（物理学者・ドイツ・1845年）／**遠藤周作《えんどうしゅうさく》**（作家・1923年）／**高峰秀子《たかみねひでこ》**（俳優・1924年）

たんじょう花と花ことば

ショウジョウバカマ／**希望《きぼう》**

28日

女性《じょせい》による月刊誌《げっかんし》『青鞜《せいとう》』

スリーマイル島《とう》の原発事故《げんぱつじこ》　一九七九年のこの日、アメリカのペンシルバニア州《しゅう》にある原子力発電所《げんしりょくはつでんしょ》で炉心溶融事故《ろしんようゆうじこ》がおき、大量《たいりょう》の放射性物質《ほうしゃせいぶっしつ》がもれた。

新婦人協会設立《しんふじんきょうかいせつりつ》　雑誌《ざっし》『青鞜《せいとう》』を創刊《そうかん》した平塚《ひらつか》らいてう《ちょう》が市川房枝《いちかわふさえ》、奥《おく》むめおらと新婦人協会の発会式《ほっかいしき》をしたのは、一九二〇年のこの日。女性《じょせい》の地位向上《ちいこうじょう》と社会的権利《しゃかいてきけんり》をもとめた。これが、その後《ご》の女性参政権獲得《じょせいさんせいけんかくとく》につながる。

たんじょう日

ラファエロ・サンティ（画家・イタリア・1483年）／**濱谷浩《はまやひろし》**（写真家《しゃしんか》・1915年）／**岩谷時子《いわたにときこ》**（作詞家《さくしか》・1916年）

たんじょう花と花ことば

タツタソウ／遠慮《えんりょ》

29日

普通選挙法《ふつうせんきょほう》が成立《せいりつ》　一九二五年のこの日、身分《みぶん》や税金《ぜいきん》の額《がく》にかかわらず、二十五才以上《いじょう》の男子に選挙権《せんきょけん》があたえられた。女性が選挙権を得《え》るのはさらに二十年後の一九四五年のこと。➡4／10、12／17

国の特別天然記念物《とくべつてんねんきねんぶつ》がはじめて指定《してい》された日　一九五二年のこの日、文化財保護法《ぶんかざいほごほう》にもとづいて指定されたよ。

このとき指定《してい》されたマリモ、トキ、オオサンショウウオ

たんじょう日

エリフ・トムソン（電気工学者《でんきこうがくしゃ》・イギリス・1853年）／**花田清輝《はなだきよてる》**（作家・1909年）／**実相寺昭雄《じっそうじあきお》**（映画《えいが》監督《かんとく》・1937年）

忌日《きにち》　**立原道造《たちはらみちぞう》**（風信忌《ヒヤシンスき》）

たんじょう花と花ことば

アリッサム／優美《ゆうび》

30日

アメリカがアラスカを購入《こうにゅう》　アメリカがロシアからアラスカを買《か》いとる条約《じょうやく》に調印《ちょういん》したのは、一八六七年のこの日のことだ。一ヘクタールあたり五セントという安《やす》さで買ったものの、当時はいらぬものを買ったと非難《ひなん》されたんだって。でも、その後、アラスカには天然資源《てんねんしげん》が豊富《ほうふ》なことがわかり、アメリカはいい買いものをしたということになったよ。

たんじょう日

フランシス・デ・ゴヤ（画家・スペイン・1746年）／**フィンセント・ファン・ゴッホ**（画家・オランダ・1853年）

たんじょう花と花ことば

カルセオラリア／わたしの財産《ざいさん》をささげます

31日

教育基本法《きょういくきほんほう》、学校教育法公布《がっこうきょういくほうこうふ》の日　一九四七年のこの日、第《だい》二次世界大戦後《じせかいたいせんご》の民主主義教育《みんしゅしゅぎきょういく》の基本《きほん》をしめした法律《ほうりつ》が公布されたんだ。教育の機会《きかい》の均等《きんとう》、義務教育《ぎむきょういく》の無償《むしょう》、男女共学《だんじょきょうがく》などをさだめたよ。また、小学校は六年、中学・高校は三年、大学が四年という六・三・三・四制《せい》も、このときさだめられた。

ごろあわせ記念日

オーケストラの日　み（3）み（3）にいち（1）ばん

たんじょう日

ルネ・デカルト（哲学者《てつがくしゃ》・フランス・1596年）／**フランツ・ヨーゼフ・ハイドン**（作曲家《さっきょくか》・オーストリア・1732年）／**朝永振一郎《ともながしんいちろう》**（物理学者《ぶつりがくしゃ》・1906年）

たんじょう花と花ことば

ハマカンザシ／同情《どうじょう》

4月

卯《う》月《づき》

4月のたんじょう石：ダイヤモンド

宝石《ほうせき》ことば：永遠《えいえん》のきずな

4月の祝日《しゅくじつ》：昭和《しょうわ》の日（29日）

4月の色：純白《じゅんぱく》

1日

「カエルにもおへそがあるんだよ」（ウソ）

エイプリル・フール　日本語にすると、「四月ばか」。きょうだけは、罪《つみ》のないウソならついてもいいといわれているよ。ただし、人をきずつけたり迷惑《めいわく》をかけたり、いやな思いにさせたりするようなウソはご法度《はっと》。味《あじ》のあるユーモアあふれたウソを、思いつけるかな？

たんじょう日

親鸞《しんらん》（僧侶《そうりょ》・1173年）／**ニコライ・ゴーゴリ**（作家・ロシア・1809年）／**三遊亭圓朝**《さんゆうていえんちょう》（落語家《らくごか》・1839年）／**セルゲイ・ラフマニノフ**（作曲家《さっきょくか》・ロシア・1873年）／**ワンガリ・マータイ**（政治家《せいじか》・ケニア・1940年）

たんじょう花と花ことば

マーガレット／恋《こい》をうらなう

2日

国際《こくさい》子どもの本の日　童話作家《どうわさっか》のアンデルセンの誕生《たんじょう》日《び》がこの日だったことから、制定《せいてい》されたよ。こどもたちにたくさん本を読んでもらおうという日なんだ。

たんじょう日

カール大帝《たいてい》（国王・中世《ちゅうせい》フランク王国・742年）／**マリア・ジビーラ・メーリアン**（画家・ドイツ・1647年）／**エミール・ゾラ**（作家・フランス・1840年）／**熊谷守一**《くまがいもりかず》（洋画家《ようがか》・1880年）

忌日《きにち》　**高村光太郎**《たかむらこうたろう》

たんじょう花と花ことば

サクラ／精神美《せいしんび》

3日

日本橋開通《にほんばしかいつう》　日本橋は東海道《とうかいどう》など五街道《ごかいどう》の出発点《しゅっぱつてん》。一九一一年のこの日に、木製《もくせい》の橋《はし》から石橋《いしばし》にかけかえられたよ。

聖徳太子《しょうとくたいし》**が十七条憲法**《じゅうしちじょうけんぽう》**を制定**　仏教《ぶっきょう》や儒教《じゅきょう》の教えをもとに、六〇四年のこの日に制定。貴族《きぞく》や役人《やくにん》の道徳的《どうとくてき》な心がまえをしめしたもので、冒頭《ぼうとう》の「和《わ》をもって貴《とうと》しとなす」は有名《ゆうめい》だ。

ごろあわせ記念日

シーサーの日

たんじょう日

ワシントン・アービング（作家・アメリカ・1783年）／**長塚節**《ながつかたかし》（歌人・1879年）／**金田一春彦**《きんだいちはるひこ》（言語学者《げんごがくしゃ》・1913年）／**ジェーン・グドール**（動物学者《どうぶつがくしゃ》・イギリス・1934年）

忌日　**隠元**《いんげん》

たんじょう花と花ことば

ゼラニウム／決心《けっしん》

4日

キング牧師《ぼくし》**暗殺**《あんさつ》**される**　アメリカのマーチン・ルーサー・キング・ジュニア牧師は、黒人解放《こくじんかいほう》をもとめ、非暴力主義《ひぼうりょくしゅぎ》をつらぬいた公民権《こうみんけん》運動《うんどう》の指導者《しどうしゃ》だよ。演説《えんぜつ》のことば「わたしには夢《ゆめ》がある」はとても有《ゆう》名《めい》だね（⬇8/28）。一九六四年にはノーベル平和賞《へいわしょう》も受賞《じゅしょう》したけれど、一九六八年のこの日、テネシー州《しゅう》メンフィスで暗殺されたんだ。

たんじょう日

カラカラ（皇帝《こうてい》・古代《こだい》ローマ・188年）／**本居長世**《もとおりながよ》（作曲家・1885年）／**マヤ・アンジェロウ**（ダンサー、作家・アメリカ・1928年）／**アンドレイ・タルコフスキー**（映画監督《えいがかんとく》・ソ連《れん》・1932年）

たんじょう花と花ことば

スモモ／忠実《ちゅうじつ》

5日

小笠原《おがさわら》で見られるイルカ

小笠原《おがさわら》諸島《しょとう》返還《へんかん》協定《きょうてい》に調印《ちょういん》　一九六八年のこの日、日本とアメリカが返還協定に調印したんだ。これで、アメリカの占領下《せんりょうか》にあった小笠原諸島が日本に返還されることになったよ。

植木日《うえきび》　韓国《かんこく》の記念日《きねんび》。一九一〇年のこの日に、李朝皇帝《りちょうこうてい》の純宗《スンジョン》が植《しょく》樹《じゅ》をおこなった。韓国では、この日に木を植《う》えるようさだめているよ。

たんじょう日

内田魯庵《うちだろあん》（翻訳家《ほんやくか》・1868年）／ヘルベルト・フォン・カラヤン（指揮《しき》者《しゃ》・オーストリア・1908年）／グレゴリー・ペック（俳優《はいゆう》・アメリカ・1916年）

たんじょう花と花ことば

ムラサキハナナ／智恵《ちえ》の泉《いずみ》

6日

オリンピック復活《ふっかつ》　一八九六年のこの日、近代《きんだい》オリンピックの第《だい》一回《かい》大会がギリシャのアテネで開催《かいさい》されたよ。古代《こだい》ギリシャで四年ごとにおこなわれていたオリンピックの復活だ。十四か国、二四一人が自費《じひ》で参加《さんか》して、八競技《きょうぎ》、四十三種目《しゅもく》をおこなった。↓9/12

円盤投《えんばんな》げの像《ぞう》

ごろあわせ記念日

城《しろ》の日／新聞《しんぶん》をヨム日 よ(4)む(6)

たんじょう日

ジェイムズ・ミル（経済学者《けいざいがくしゃ》・イギリス・1773年）／ギュスターブ・モロー（画家・フランス・1826年）／小沢昭一《おざわしょういち》（俳優・1929年）

たんじょう花と花ことば

キブシ／出会い

7日

世界保健《せかいほけん》デー　一九四八年のこの日、世界保健機関《せかいほけんきかん》（ＷＨＯ《ダブリュエイチオー》）が設《せつ》立《りつ》されたよ。人々が健康《けんこう》でいられるように国どうしが協力《きょうりょく》することを目的《もくてき》とした、国際連合《こくさいれんごう》の専門機関《せんもんきかん》なんだ。健康は基本的人権《きほんてきじんけん》のひとつでもあるよ。シンボルマークにある、へびのまきついたつえは、医療《いりょう》の象徴《しょうちょう》「アスクレピオスのつえ」。

たんじょう日

フランシスコ・ザビエル（宣教《せんきょう》師《し》・スペイン・1506年）／小川未明《おがわみめい》（童話作家《どうわさっか》・1882年）／マージョリー・ストーンマン・ダグラス（ジャーナリスト・アメリカ・1890年）／ビリー・ホリデイ（歌手・アメリカ・1915年）／ジャッキー・チェン（俳優・香港《ホンコン》・1954年）

たんじょう花と花ことば

ディモルホセカ／元気

8日

花祭《はなまつ》り　仏教《ぶっきょう》の開祖《かいそ》、お釈迦様《しゃかさま》はこの日にうまれたんだ。花祭りは、お釈迦様の誕生《たんじょう》を祝《いわ》う行事《ぎょうじ》だよ。いっぱいの花でかざられた花御堂《はなみどう》という小さなお堂《どう》には、釈迦の誕生像《たんじょうぞう》がおかれ、おまいりした人はこの像に甘茶《あまちゃ》をかけるんだ。

釈迦《しゃか》の誕生像《たんじょうぞう》

たんじょう日

岸田吟香《きしだぎんこう》（新聞記者《しんぶんきしゃ》・1833年）／エドムント・フッサール（哲学者《てつがくしゃ》・ドイツ・1859年）／コフィー・アナン（第《だい》七代国連事務総長《だいこくれんじむそうちょう》・ガーナ・1938年）

忌日　高浜虚子《たかはまきょし》

たんじょう花と花ことば

イカリソウ／あなたをとらえる

9日

No!《ノー》 Nukes《ニュークス》 = 核反対《かくはんたい》!

反核燃《はんかくねん》の日 一九八五年のこの日に、当時の青森県《あおもりけん》知事《ちじ》が県議《けんぎ》会《かい》で六《ろっ》ケ《か》所村《しょむら》核燃料《かくねんりょう》サイクル施設《しせつ》の推進《すいしん》を表明《ひょうめい》したんだ。それに反対《はんたい》する姿勢《しせい》をしめすため、青森県労働組合《あおもりけんろうどうくみあい》がこの日を「反核燃の日」と制定《せいてい》したよ。

たんじょう日

シャルル・ボードレール（詩人《しじん》・フランス・1821年）／**ウィリアム・ジョージ・アストン**（外交官《がいこうかん》・イギリス・1841年）／**佐藤春夫《さとうはるお》**（詩人、作家・1892年）

たんじょう花と花ことば

アカシア／優雅《ゆうが》

10日

女性《じょせい》の日 一九四六年のこの日、日本で戦後初《せんごはつ》の総選《そうせん》挙《きょ》がおこなわれたんだ。この選挙《せんきょ》から、女性が立候補《りっこうほ》も投票《とうひょう》もできるようになって、三十九人の女性候補《じょせいこうほ》が当選《とうせん》した。それを記念《きねん》して、一九四九年に制定された日だよ。十六日までは「女性週間《じょせいしゅうかん》」なんだ。

➡3/29、12/17

ごろあわせ記念日

ヨットの日

たんじょう日

マシュー・ペリー（軍人《ぐんじん》・アメリカ・1794年）／**ジョーゼフ・ピュリッツァー**（ジャーナリスト・アメリカ・1847年）／**淀川長治《よどがわながはる》**（映画評論家《えいがひょうろんか》・1909年）

たんじょう花と花ことば

チューリップ／博愛《はくあい》

11日

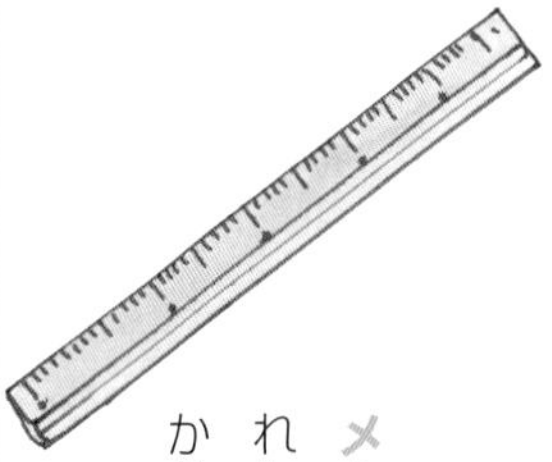

メートル法《ほう》を採用《さいよう》 日本でメートル法を採用する「改正度量衡法《かいせいどりょうこうほう》」が公布《こうふ》されたのは、一九二一年のこの日のこと。メートル法が一七九五年に誕生《たんじょう》してから、一二六年もたってからだったよ。

たんじょう日

フェルディナント・ラッサール（労働運動家《ろうどううんどうか》・ドイツ・1825年）／**小林秀雄《こばやしひでお》**（評論家《ひょうろんか》・1902年）／**井深大《いぶかまさる》**（実業家《じつぎょうか》・1908年）／**田中澄江《たなかすみえ》**（劇作家《げきさっか》・1908年）／**坂野惇子《ばんのあつこ》**（実業家・1918年）

たんじょう花と花ことば

ヒヤシンス／スポーツ

12日

世界宇宙飛行《せかいうちゅうひこう》の日 ソ連《れん》（いまのロシア）の有人宇宙船《ゆうじんうちゅうせん》「ボストーク一号《ごう》」が打《う》ちあげられて、地球《ちきゅう》を一周《しゅう》して帰ってきたよ。一九六一年のこの日のことだ。はじめて宇宙から地球をながめた宇宙飛行士《うちゅうひこうし》ガガーリンの、「地球は青かった」ということばは有名《ゆうめい》。

有人宇宙船《ゆうじんうちゅうせん》
「ボストーク1号《ごう》」

たんじょう日

オットー・マイヤーホーフ（生化学者《せいかがくしゃ》・ドイツ・1884年）／**ハービー・ハンコック**（音楽家・アメリカ・1940年）

たんじょう花と花ことば

モモ／天下無敵《てんかむてき》

13日

水産《すいさん》デー　漁業《ぎょぎょう》にかんする基本的《きほんてき》な制度《せいど》「漁業法《ぎょぎょうほう》」がさだめられたのは、一九〇一年のこの日のこと。

喫茶店《きっさてん》の日　一八八八年のこの日に、日本初《にほんはつ》の喫茶店が開店《かいてん》したのを記念する日だよ。お店ができた場所は東京の上野、「可否茶館《かっひーさかん》」という名前だったんだって。コーヒー一ぱい一銭《せん》五厘《りん》、牛乳《ぎゅうにゅう》入りは二銭だった。

たんじょう日

中岡慎太郎《なかおかしんたろう》（志士《しし》・1838年）／**徳川夢声《とくがわむせい》**（漫談家《まんだんか》、活弁士《かつべんし》・1894年）／**サミュエル・ベケット**（劇作家《げきさっか》・アイルランド・1906年）

忌日《きにち》　**石川啄木《いしかわたくぼく》**

たんじょう花と花ことば

イチゴ／**あまいかおり**

14日

リンカーン暗殺《あんさつ》　アメリカの第《だい》十六代大統領《だいだいとうりょう》、リンカーンが撃《う》たれたのは、一八六五年のこの日だったよ。ワシントンの劇場《げきじょう》で暴漢《ぼうかん》に狙《そ》撃《げき》され、つぎの朝《あさ》、亡《な》くなったんだ。五十六才だった。⬇11 19

熊本地震《くまもとじしん》　二〇一六年のこの日の夜、マグニチュード六・五の地震が発生。その後《ご》も大きなゆれがつづき、甚大《じんだい》な被害《ひがい》をおよぼしたんだ。

リンカーン像《ぞう》

たんじょう日

クリスチャン・ホイヘンス（物理学者《ぶつりがくしゃ》・オランダ・1629年）／**アン・サリバン**（教育者《きょういくしゃ》・アメリカ・1866年）／**エミー・ネーター**（数学者《すうがくしゃ》・ドイツ・1882年）

たんじょう花と花ことば

ドウダンツツジ／**節制《せっせい》**

15日

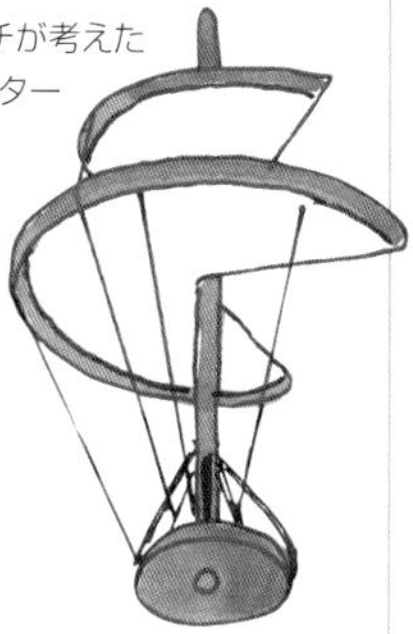

ダ・ビンチが考えたヘリコプターの原理《げんり》

ヘリコプターの日　ヘリコプターの原理《げんり》を考えたレオナルド・ダ・ビンチの誕生日《たんじょうび》にちなみ、全日本航空事業連合会《ぜんにほんこうくうじぎょうれんごうかい》が制定した日だよ。

ヘレン・ケラー来日　一九三七年のこの日、アメリカからヘレン・ケラーが来日し、各地《かくち》で講演《こうえん》をおこなったよ。盲《もう》、聾《ろう》、唖《あ》の三重苦《さんじゅうく》があったけれど、家庭教師《かていきょうし》のアン・サリバン先生に教育《きょういく》を受《う》け障害《しょうがい》をのりこえたんだ。

たんじょう日

南方熊楠《みなかたくまぐす》（生物学者《せいぶつがくしゃ》、民俗学者《みんぞくがくしゃ》・1867年）／**釜本邦茂《かまもとくにしげ》**（サッカー選手《せんしゅ》・1944年）

たんじょう花と花ことば

キンギョソウ／**推測《すいそく》**

豆クイズ

サリバン先生に出会ったヘレン・ケラーがさいしょに教わったことばは、「water《ウォーター》」（水）。どんな水をさわった？

①井戸《いど》の水
②やかんの水
③雨水

答えは下にあるよ

答え：① 井戸《いど》の水を手でさわって、それを水だと理解《りかい》したよ

16日

女子マラソンの日　一九七八年のこの日、東京の多摩《たま》湖畔《こはん》で、日本ではじめて女子のフルマラソンがおこなわれたよ。多摩湖を約《やく》三周《しゅう》する四十二・一九五キロのコースを走ったのは四十九人。そのうち、四十六人が完走《かんそう》したんだ。

11/18

たんじょう日

アナトール・フランス（作家・フランス・1844年）／**チャールズ・チャップリン**（俳優《はいゆう》、映画監督《えいがかんとく》・イギリス・1889年）／**ガース・ウィリアムズ**（挿絵画家《さしえがか》、絵本作家・アメリカ・1912年）／**ヘンリー・マンシーニ**（作曲家《さっきょくか》・アメリカ・1924年）

たんじょう花と花ことば

スノーフレーク／皆《みな》をひきつける魅力《みりょく》

17日

カナダで権利《けんり》と自由《じゆう》の憲章《けんしょう》が法制化《ほうせいか》　一九八二年のこの日、カナダに新しい憲法《けんぽう》ができたよ。人は、人種《じんしゅ》、民族《みんぞく》や種族《しゅぞく》、皮膚《ひふ》の色、宗《しゅう》教《きょう》、性別《せいべつ》、年齢《ねんれい》、精神《せいしん》や肉体の障害《しょうがい》によって差別《さべつ》されることはなく、公平にあつかわれる権利があると、はっきりさだめているんだ。

カナダの国旗《こっき》に特別《とくべつ》にハートマーク

ごろあわせ記念日

なすび記念日《きねんび》 よ(4)い(1)な(7)す

たんじょう日

板垣退助《いたがきたいすけ》（政治家《せいじか》・1837年）／**ジョン・モルガン**（実業家《じつぎょうか》・アメリカ・1837年）／**ニキータ・フルシチョフ**（政治家・ロシア・1894年）

たんじょう花と花ことば

チドリソウ／信頼《しんらい》

18日

発明《はつめい》の日　「特許法《とっきょほう》」の前身《ぜんしん》、「専売特許条例《せんばいとっきょじょうれい》」が一八八五年のこの日にできたよ。それを記念《きねん》して、一九五四年に「発明の日」が制定《せいてい》された。発明したアイデアがぬすまれないよう、保護《ほご》する条例《じょうれい》だったんだ。

8/14

ごろあわせ記念日

よい歯《は》の日

たんじょう日

フランツ・フォン・スッペ（作曲家・オーストリア・1819年）／**レオポルド・ストコフスキー**（指揮者《しきしゃ》・アメリカ・1882年）

たんじょう花と花ことば

アルストロメリア／エキゾチック

19日

第《だい》一回《かい》ボストンマラソン開催《かいさい》　アメリカ独立戦争《どくりつせんそう》の開戦日《かいせんび》である「愛国者《あいこくしゃ》の日」を記念して、一八九七年のこの日、第一回ボストンマラソンが開催されたよ。一般《いっぱん》の人が走るマラソンとしては、世界でもっとも古い、歴史《れきし》のある大会だ。一九五一年の第五十五回には、戦後《せんご》はじめて日本から出場した、田中茂樹《たなかしげき》が優勝《ゆうしょう》したんだよ。

たんじょう日

デイビッド・リカード（経済学者《けいざいがくしゃ》・イギリス・1772年）／**松本竣介《まつもとしゅんすけ》**（洋画家《ようがか》・1912年）／**高橋展子《たかはしのぶこ》**（外交官《がいこうかん》、評論家《ひょうろんか》・1916年）

忌日《きにち》　チャールズ・ダーウィン

たんじょう花と花ことば

イチリンソウ／追憶《ついおく》

20日

女子大の日　一九〇一年のこの日、日本初《にほんはつ》の女子大学、日本女子大学校（いまの日本女子大学）が開校《かいこう》したよ。創立《そうりつ》した教育家《きょういくか》の成瀬仁蔵《なるせじんぞう》がかかげた教育方針《きょういくほうしん》は、「人として、婦人《ふじん》として、国民《こくみん》として、教育する」。

たんじょう日

栄西《えいさい》（僧侶《そうりょ》・1141年）／**ナポレオン三世**《せい》（皇帝《こうてい》・フランス・1808年）／**犬養毅**《いぬかいつよし》（政治家・1855年）／**ジョアン・ミロ**（画家・スペイン・1893年）

たんじょう花と花ことば

カイドウ／温和《おんわ》

21日

民放《みんぽう》**の日**　日本ではじめて民放十六社に放送《ほうそう》の予備免《よびめん》許《きょ》があたえられたのが、一九五一年のこの日のことなんだ。この年の秋にはラジオの民間放送《みんかんほうそう》がはじまったよ。

➡ 2・13、3・22、7・12

たんじょう日

フリードリヒ・フレーベル（教育者《きょういくしゃ》・ドイツ・1782年）／**シャーロット・ブロンテ**（作家・イギリス・1816年）／**マックス・ウェーバー**（経済学者・ドイツ・1864年）

たんじょう花と花ことば

スイートピー／門出《かどで》

22日

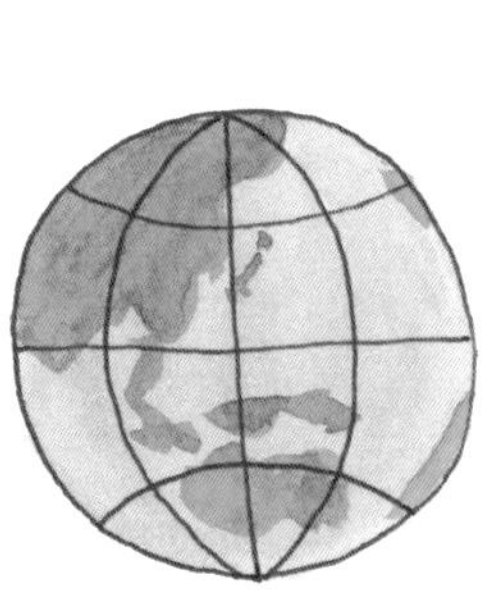

アースデイ（地球《ちきゅう》**の日）**　地球全体《ちきゅうぜんたい》の環境《かんきょう》をまもるために、一人ひとりが行動をおこす日として、アメリカの市民運動指導者《しみんうんどうしどうしゃ》デニス・ヘイズのよびかけで一九七〇年にはじまったよ。

たんじょう日

イサベル一世（女王・スペイン・1451年）／**イマヌエル・カント**（哲学者《てつがくしゃ》・ドイツ・1724年）／**ウラジミール・レーニン**（革命家《かくめいか》、政治家・ロシア・1870年）／**リータ・レービ・モンタルチーニ**（神経学者《しんけいがくしゃ》・イタリア・1909年）

たんじょう花と花ことば

コデマリ／優雅《ゆうが》

23日

サン・ジョルディの日／子ども読書の日　スペインのカタロニアには、この日、聖人《せいじん》のサン・ジョルディをまつり、本をおくる習慣《しゅうかん》があるよ。ユネスコは一九九五年にこの日を「世界《せかい》本の日」とした。日本では二〇〇一年に「子どもの読書活動《どくしょかつどう》の推進《すいしん》にかんする法律《ほうりつ》」が施行《しこう》され、翌年《よくねん》からこの日は「子ども読書の日」になったんだ。

たんじょう日

ジョゼフ・ターナー（画家・イギリス・1775年）／**上村松園**《うえむらしょうえん》（日本画家・1875年）／**セルゲイ・プロコフィエフ**（作曲家・ロシア・1891年）

たんじょう花と花ことば

ハナミズキ／返礼《へんれい》

24日

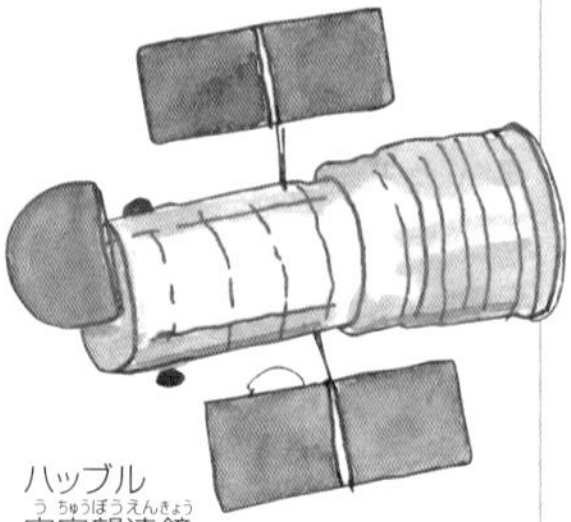
ハップル
宇宙望遠鏡《うちゅうぼうえんきょう》

ハッブル宇宙望遠鏡打《うちゅうぼうえんきょうう》ちあげ　一九九〇年のこの日、ハッブル宇宙望遠鏡が打ちあげられたよ。宇宙空間《うちゅうくうかん》から天体観測《てんたいかんそく》をするためのこの望遠鏡は、スペースシャトル「ディスカバリー号《ごう》」によって打ちあげられたんだ。地上から約《やく》六〇〇キロメートルの高度《こうど》で、地球《ちきゅう》のまわりをまわりながら観測しているんだって。

たんじょう日
エドモンド・カートライト（発明家《はつめいか》・イギリス・1743年）／**牧野富太郎《まきのとみたろう》**（植物学者《しょくぶつがくしゃ》・1862年）

たんじょう花と花ことば
ムレスズメ／集《つど》い

25日

国際機関《こくさいきかん》にかんする連合国会議《れんごうこくかいぎ》はじまる　一九四五年のこの日から、サンフランシスコで、国際連合《こくさいれんごう》の設立《せつりつ》や国連憲章《こくれんけんしょう》について話しあう会議がはじまったんだ。連合国《れんごうこく》五十か国による会議は六月二十六日までつづき、最終日《さいしゅうび》に国連憲章が調印《ちょういん》された。第《だい》二次世界大戦《じせかいたいせん》を教訓《きょうくん》に、二度《にど》とこのようなおろかな行為《こうい》をくりかえさないことを目的《もくてき》としてきめられた。

➡10/24、12/18

国連《こくれん》の旗《はた》

たんじょう日
ルイ九世《せい》（国王・フランス・1214年）／**川路聖謨《かわじとしあきら》**（政治家《せいじか》・1801年）

たんじょう花と花ことば
フロックス／合意《ごうい》

26日

チェルノブイリ原子力発電所《げんしりょくはつでんしょ》

チェルノブイリ原発事故《げんぱつじこ》　一九八六年のこの日、ソ連《れん》（いまのロシア）のチェルノブイリ原子力発電所《げんしりょくはつでんしょ》（いまのウクライナにある）で爆《ばく》発事故《はつじこ》がおこったんだ。大量《たいりょう》の放射性物質《ほうしゃせいぶっしつ》が空中に飛散《ひさん》し、この事故で亡《な》くなった人は三十人以上《いじょう》にもなった。現在《げんざい》も放射能汚染《ほうしゃのうおせん》はのこり、被爆《ひばく》した多くの人は被害《ひがい》や後遺症《こういしょう》に苦《くる》しんでいる状態《じょうたい》なんだ。

たんじょう日
ウィリアム・シェイクスピア（劇《げき》作家《さっか》・イギリス・1564年）／**ウジェーヌ・ドラクロワ**（画家・フランス・1798年）／**飯田蛇笏《いいだだこつ》**（俳人《はいじん》・1885年）

たんじょう花と花ことば
エビネ／謙虚《けんきょ》

27日

日本ではじめての地震被害《じしんひがい》の記録《きろく》　日本でいちばん古い歴史書《れきししょ》『日本《にほん》書紀《しょき》』には、五九九年のこの日に地震の被害があったと書かれているよ。

自由《じゆう》の日　一九九四年のこの日、南アフリカで人種隔離政策《じんしゅかくりせいさく》の「アパルトヘイト」撤廃《てっぱい》後《ご》はじめて、全人種《ぜんじんしゅ》が参加《さんか》する総選挙《そうせんきょ》がおこなわれた。

Freedom《フリーダム》
＝自由《じゆう》

たんじょう日
サミュエル・モールス（発明家・アメリカ・1791年）／**ハーバート・スペンサー**（哲学者《てつがくしゃ》・イギリス・1820年）／**ルドウィッヒ・ベーメルマンス**（イラストレーター・アメリカ・1898年）

たんじょう花と花ことば
シラネアオイ／優美《ゆうび》

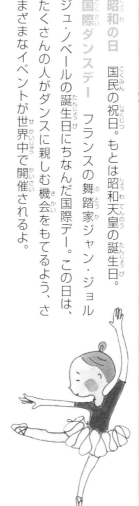

28日

UNITED《ユナイテッド》＝連合《れんごう》

サンフランシスコ平和条約発効《へいわじょうやくはっこう》　第二次世界大戦で敗戦《はいせん》した日本は、一九四五年から連合国軍《れんごうこくぐん》に占領《せんりょう》されていたんだ。一九五一年のこの日に講和会議《こうわかいぎ》がひらかれて、日本は連合国と、サンフランシスコ平和条約をむすんだ。条約は一九五二年のこの日に発効し、日本は国としての主権《しゅけん》を回復《かいふく》した。9 8

ごろあわせ記念日

庭《にわ》の日 よ(4)いにわ(28)

たんじょう日

山田検校《やまだけんぎょう》（箏曲演奏家《そうきょくえんそうか》・1757年）／**ジェイムズ・モンロー**（政治家・アメリカ・1758年）／**佐伯祐三《さえきゆうぞう》**（洋画家《ようがか》・1898年）

たんじょう花と花ことば

ムスカリ／失望《しつぼう》

29日

昭和《しょうわ》の日　国民《こくみん》の祝日《しゅくじつ》。もとは昭和天皇《しょうわてんのう》の誕生日《たんじょうび》。

国際《こくさい》ダンスデー　フランスの舞踏家《ぶとうか》ジャン・ジョルジュ・ノベールの誕生日《たんじょうび》にちなんだ国際デー。この日は、たくさんの人がダンスに親しむ機会《きかい》をもてるよう、さまざまなイベントが世界中《せかいじゅう》で開催《かいさい》されるよ。

ごろあわせ記念日

タオルの日 よ(4)くふく(29)

たんじょう日

アレクサンドル二世（皇帝《こうてい》・ロシア・1818年）／**デューク・エリントン**（作曲家、ピアニスト・アメリカ・1899年）／**中原中也《なかはらちゅうや》**（詩人《しじん》・1907年）

忌日《きにち》　**アルフレッド・ヒッチコック**

たんじょう花と花ことば

カンガルーポー／ふしぎ

30日

図書館記念日《としょかんきねんび》　一九五〇年に、図書館法《としょかんほう》が公布《こうふ》された記念日。つづく五月は「図書館振興《としょかんしんこう》の月」として、各地《かくち》の図書館で行事《ぎょうじ》がおこなわれるよ。

国際《こくさい》ジャズデー　ジャズを通じて、国をこえ、文化《ぶんか》をこえておたがいの理解《りかい》をふかめていこうという日。世界各地《せかいかくち》でジャズのライブやワークショップがおこなわれるよ。

たんじょう日

アーサー・ウェルズリー（政治家・イギリス・1769年）／**カール・ガウス**（数学者《すうがくしゃ》・ドイツ・1777年）／**中村清太郎《なかむらせいたろう》**（登山家《とざんか》、画家・1888年）

たんじょう花と花ことば

ネモフィラ／かれん

豆クイズ

スリラー映画《えいが》の名手《めいしゅ》、ヒッチコックの代表作《だいひょうさく》でもある、生物《せいぶつ》パニック映画の題名《だいめい》は？

①鳥
②さる
③へび

答えは下にあるよ

答え：①「鳥」。1963年のアメリカ映画《えいが》。鳥が人におよぼす恐怖《きょうふ》をえがいた

5
月

皐《さ》月《つき》

5月のたんじょう石：エメラルド

宝石《ほうせき》ことば：幸運《こううん》

5月の祝日《しゅくじつ》：憲法《けんぽう》記《き》念《ねん》日《び》（3日）
みどりの日（4日）
こどもの日（5日）

5月の色：みどり

1日

スズラン

メーデー　世界各地《せかいかくち》でおこなわれる、はたらく人たちの行動《こうどう》の日。もともとこの日は、ヨーロッパでは夏がきたことを祝《いわ》う「五月祭《ごがつさい》」だったんだって。

スズランの日　フランスではこの日、家族《かぞく》や友人などにスズランの花をおくる習慣《しゅうかん》があるんだ。花をおくられた人には、幸福《こうふく》がおとずれるといわれているよ。

たんじょう日

円山応挙《まるやまおうきょ》（日本画家・1733年）／宗左近《そうさこん》（詩人《しじん》・1919年）／吉村昭《よしむらあきら》（作家・1927年）

たんじょう花と花ことば

ミツバツツジ／節制《せっせい》

2日

えんぴつ記念日《きねんび》　一八八七年のこの日、東京の四谷《よつや》でえんぴつの製造《せいぞう》がはじまったよ。眞崎鉛筆製造所《まさきえんぴつせいぞうしょ》という会社で、いまの三菱鉛筆《みつびしえんぴつ》だ。これが本格的《ほんかくてき》な国産《こくさん》えんぴつのはじまりなんだ。

緑茶《りょくちゃ》の日　立春《りっしゅん》から八十八日目の八十八夜《はちじゅうはちや》は五月二日ごろにあたるよ。八十八夜にその年さいしょの茶摘《ちゃつ》みをすることからできた日だ。

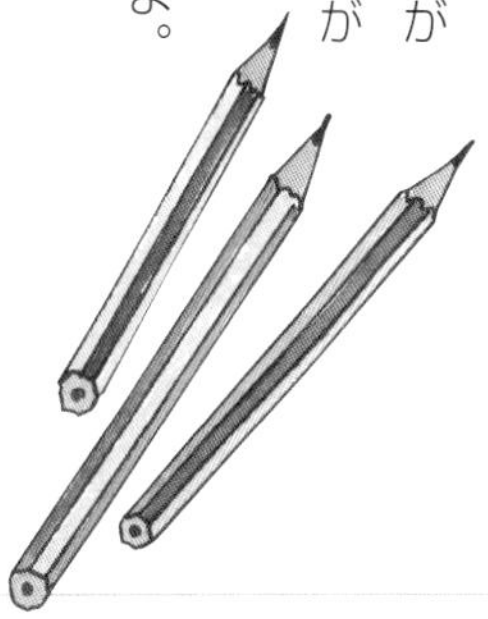

たんじょう日

エカテリーナ二世《せい》（皇帝《こうてい》・ロシア・1729年）／エドゥアール・バラデュール（政治家《せいじか》・フランス・1929年）／デイビッド・ベッカム（サッカー選手《せんしゅ》・イギリス・1975年）

たんじょう花と花ことば

ライラック／青春《せいしゅん》のよろこび

3日

博多《はかた》どんたくにも登場《とうじょう》する「博多にわか」のお面《めん》

憲法記念日《けんぽうきねんび》　一九四七年、日本国憲法《にほんこくけんぽう》が施行《しこう》された日で、国民《こくみん》の祝日《しゅくじつ》。「国《こく》民主権《みんしゅけん》、平和主義《へいわしゅぎ》、基本的人権《きほんてきじんけん》の尊重《そんちょう》」を基本理念《きほんりねん》にした憲法だよ。第二章《だいにしょう》第九条《だいきゅうじょう》は平和主義をあらわし、「戦争《せんそう》の放棄《ほうき》と戦力不保持《せんりょくふほじ》」をかかげている。

博多《はかた》どんたく　三日と四日におこなわれる、福岡最大《ふくおかさいだい》の歴史《れきし》あるお祭《まつ》り。「どんたく」とは、オランダ語《ご》の「ゾンタク」が由来《ゆらい》で、「お休みの日」の意味《いみ》。

たんじょう日

ニッコロ・マキャベリ（政治学者《せいじがくしゃ》・イタリア・1469年）／ベラ・チャスラフスカ（体操選手《たいそうせんしゅ》・チェコスロバキア・1942年）／ジェイムズ・ブラウン（歌手・アメリカ・1933年）

たんじょう花と花ことば

ボタン／はじらい

4日

みどりの日　一九八五年、国民の祝日にはさまれた平日《へいじつ》は、休日となることがきまってできた祝日。二〇〇七年に「みどりの日」の名になったよ。

ラムネの日　一八七二年のこの日、東京の実業家《じつぎょうか》がラムネの製造《せいぞう》を修《しゅう》得《とく》するための願書《がんしょ》をだしたよ。英語《えいご》の「レモネード」がなまってラムネと名づけられたんだ。ビー玉で栓《せん》をするびんは、いまも健在《けんざい》だよ。

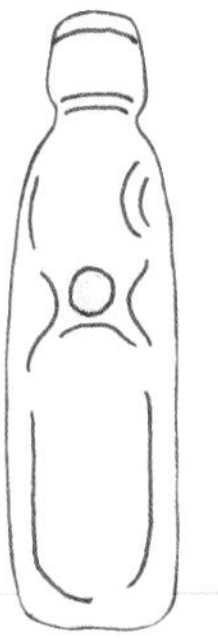
ビー玉入りのラムネびん

たんじょう日

ブルーノ・タウト（建築家《けんちくか》・ドイツ・1880年）／小泉信三《こいずみしんぞう》（経済学者《けいざいがくしゃ》、教育家《きょういくか》・1888年）／芹沢光治良《せりざわこうじろう》（作家・1897年）／オードリー・ヘプバーン（俳優《はいゆう》・イギリス・1929年）

たんじょう花と花ことば

ヤマブキ／崇高《すうこう》

5日

こどもの日　「こどもの人格《じんかく》を重《おも》んじ、こどもの幸福《こうふく》をはかるとともに母に感謝《かんしゃ》する日」として、一九四八年に制定《せいてい》された国民《こくみん》の祝日《しゅくじつ》。

薬《くすり》の日　端午《たんご》の節句《せっく》のこの日には、薬草《やくそう》摘《つ》みをする習慣《しゅうかん》があったよ。菖蒲湯《しょうぶゆ》にはいるのも、そのなごり。『日本書紀《にほんしょき》』では「薬日《くすりび》」とされているんだ。

たんじょう日

小林一茶《こばやしいっさ》（俳人《はいじん》・1763年）／**高野**《たかの》**長英**《ちょうえい》（医師《いし》、蘭学者《らんがくしゃ》・1804年）／**セーレン・キルケゴール**（思想家《しそうか》・デンマーク・1813年）／**ネリー・ブライ**（ジャーナリスト・アメリカ・1864年）

たんじょう花と花ことば

オジギソウ／敏感《びんかん》

6日

エッフェル塔公開《とうこうかい》　一八八九年はフランス革命《かくめい》から一〇〇周年《しゅうねん》の年。フランスの首都《しゅと》パリでは第《だい》四回万国《かいばんこく》博覧会《はくらんかい》が開催《かいさい》されたんだ。そしてこの日にエッフェル塔もはじめて公開されたよ。高さ三一二メートルの塔は、当時《とうじ》世界《せかい》でいちばん高い建築物《けんちくぶつ》だったんだ。

ごろあわせ記念日

ゴムの日／コロッケの日

たんじょう日

ジークムント・フロイト（精神科医《せいしんかい》・オーストリア・1856年）／**野上弥生子**《のがみやえこ》（作家・1885年）／**井上靖**《いのうえやすし》（作家・1907年）／**向井千秋**《むかいちあき》（宇宙飛行士《うちゅうひこうし》・1952年）

忌日《きにち》　**久保田万太郎**《くぼたまんたろう》／**佐藤春夫**《さとうはるお》

たんじょう花と花ことば

シャガ／反抗《はんこう》

7日

博士《はくし》**の日**　日本ではじめての博士号《はくしごう》が授与《じゅよ》されたのは一八八八年のこの日だよ。二十五人にあたえられたんだ。

ごろあわせ記念日

コナモンの日　こ(5)な(7)

たんじょう日

本居宣長《もとおりのりなが》（国学者《こくがくしゃ》・1730年）／**ヨハネス・ブラームス**（作曲家《さっきょくか》・ドイツ・1833年）／**ピョートル・チャイコフスキー**（作曲家・ロシア・1840年）／**ラビンドラナート・タゴール**（詩人《しじん》・インド・1861年）

たんじょう花と花ことば

バラ／美《び》

8日

世界赤十字《せかいせきじゅうじ》**デー**　スイス人の実業家《じつぎょうか》で、赤十字の創始者《そうししゃ》、アンリ・デュナンの誕生日《たんじょうび》が由来《ゆらい》の日。戦争《せんそう》の悲惨《ひさん》さを体験《たいけん》したデュナンは、国際的《こくさいてき》な救護《きゅうご》団体《だんたい》の必要性《ひつようせい》を痛感《つうかん》し、赤十字をつくったんだ。赤十字のマークは、スイス国旗《こっき》の赤と白を逆転《ぎゃくてん》させたもの。十字のマークは東洋《とうよう》では「福徳《ふくとく》」、西洋《せいよう》では「仁愛《じんあい》」を意味《いみ》するそうだよ。

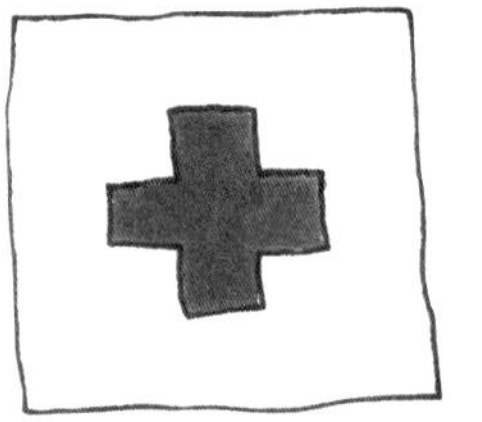

赤十字《せきじゅうじ》のマーク

たんじょう日

ハリー・S・トルーマン（政治家《せいじか》・アメリカ・1884年）／**ロベルト・ロッセリーニ**（映画監督《えいがかんとく》・イタリア・1906年）／**キース・ジャレット**（音楽家・アメリカ・1945年）

たんじょう花と花ことば

フジ／恋《こい》に酔《よ》う

9日

アイスクリームの日　アイスクリームのシーズンがはじまる日として、一九六四年にきまったよ。日本ではじめて製造《せいぞう》・販売《はんばい》されたのは、一八六九年。横浜《よこはま》の馬車道通《ばしゃみちどお》りで、町田房蔵《まちだふさぞう》が「あいすくりん」の名で売りだしたよ。

ネルソン・マンデラ、大統領《だいとうりょう》に　一九九四年のこの日、ネルソン・マンデラが黒人としてはじめて南アフリカの大統領にえらばれたよ。➡7/18

ごろあわせ記念日

黒板《こくばん》の日　こ(5)く(9)ばん

たんじょう日

ジェイムズ・バリー（作家・イギリス・1860年）／**ハワード・カーター**（考古学者《こうこがくしゃ》・イギリス・1874年）

たんじょう花と花ことば

クレマチス／精神的《せいしんてき》なうつくしさ

10日

日本気象協会創立《にほんきしょうきょうかいそうりつ》　一九五〇年のこの日、日本気象協会が業務《ぎょうむ》を開始《かいし》したよ。いまも気象観測《きしょうかんそく》や天気予報《てんきよほう》などで、重《じゅう》要《よう》な役割《やくわり》をになっている協会《きょうかい》だ。

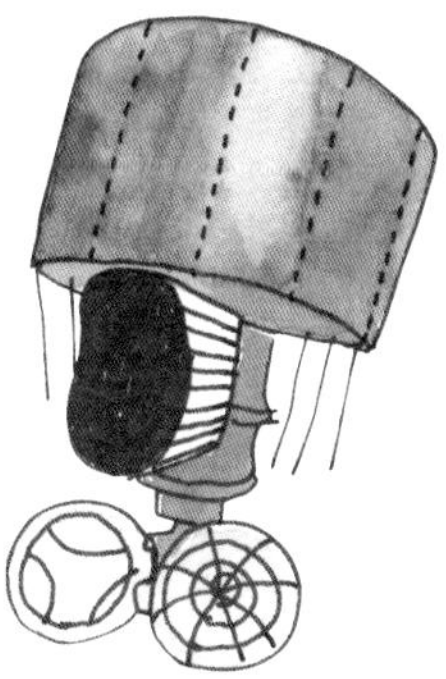

気象衛星《きしょうえいせい》「ひまわり一号《ごう》」

ごろあわせ記念日

コットンの日　コ(5)ット(10)ン

たんじょう日

グスタフ・シュトレーゼマン（政治家・ドイツ・1878年）／**山口青邨《やまぐちせいそん》**（俳人・1892年）

忌日　二葉亭四迷《ふたばていしめい》

たんじょう花と花ことば

シャクナゲ／威厳《いげん》

11日

鵜《う》をあやつる鵜匠《うしょう》

鵜飼開《うかいびら》き　長良川《ながらがわ》の鵜飼《うか》いがはじまる日。鵜飼いはひもにつないだ鵜《う》にアユをとらせる伝統的《でんとうてき》な漁法《ぎょほう》。鵜をあやつる鵜匠《うしょう》、舵《かじ》をとる艫乗《ともの》りと中乗《なかの》りの三人が、ひとつの船《ふね》にのる。鵜飼いは秋までつづくんだ。

日本人がエベレストに初登頂《はつとうちょう》　一九七〇年のこの日、松浦輝夫《まつうらてるお》と植《うえ》村直己《むらなおみ》（➡2/12）が、日本人としてはじめてエベレスト登頂に成功《せいこう》した。

たんじょう日

ユスティニアヌス一世《せい》（皇帝《こうてい》・東ローマ・483年）／**高柳賢三《たかやなぎけんぞう》**（法学者《ほうがくしゃ》・1887年）／**サルバドール・ダリ**（画家・スペイン・1904年）

忌日　萩原朔太郎《はぎわらさくたろう》

たんじょう花と花ことば

ヤグルマソウ／繊細《せんさい》

12日

看護《かんご》の日　一八二〇年のこの日は、みずから戦地《せんち》におもむいて負傷兵《ふしょうへい》を看護したナイチンゲールの誕生日。その後、看護学校《かんごがっこう》をつくり、看《かん》護法《ごほう》の本も書いた。その功績《こうせき》をたたえて日本で制定された記念日《きねんび》だ。

ナイチンゲール

たんじょう日

青木昆陽《あおきこんよう》（蘭学者・1698年）／**武《む》者小路実篤《しゃのこうじさねあつ》**（作家・1885年）／**ドロシー・ホジキン**（化学者《かがくしゃ》・イギリス・1910年）

たんじょう花と花ことば

アスチルベ／恋《こい》のおとずれ

13日

竹酔日《ちくすいにち》 中国では、古くから旧暦《きゅうれき》のこの日を、竹を植《う》えるのに最良《さいりょう》の日としてきたよ。この日は竹が酔《よ》っていて、植えかえても竹はそれに気《き》づかずによく根《ね》づく、といわれているんだって。

たんじょう日

円谷幸吉《つぶらやこうきち》（マラソン選手《せんしゅ》・1940年）／**スティービー・ワンダー**（音楽家・アメリカ・1950年）

忌日《きにち》 **田山花袋《たやまかたい》**

たんじょう花と花ことば

ボロニア／芳香《ほうこう》

14日

種痘《しゅとう》の日 一七九六年のこの日、イギリスの医師《いし》ジェンナーが、牛痘患者《ぎゅうとうかんじゃ》の膿《うみ》を子どもに接種《せっしゅ》した。これにより、予防接種《よぼうせっしゅ》が感染症《かんせんしょう》を防《ふせ》ぐことを証明《しょうめい》したんだ。

温度計《おんどけい》の日 一六八六年のこの日（旧暦《きゅうれき》）は、温度計を発明《はつめい》したドイツの物理学者《ぶつりがくしゃ》ファーレンハイトの誕生日《たんじょうび》。「ファーレンハイト」は、華氏《かし》（°F）という温度《おんど》の単位《たんい》になっているよ。

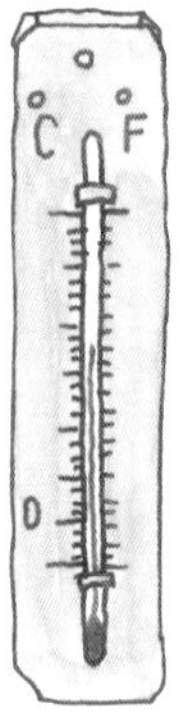

たんじょう日

斎藤茂吉《さいとうもきち》（歌人《かじん》、精神科医《せいしんかい》・1882年）／**四代目井上八千代《だいめいのうえやちよ》**（舞踏家《ぶようか》・1905年）／**ジョージ・ルーカス**（映画監督《えいがかんとく》・アメリカ・1944年）

たんじょう花と花ことば

ワスレナグサ／わたしをわすれないで

15日

沖縄《おきなわ》で
ほぼ一年中さく
ハイビスカス

沖縄《おきなわ》が本土《ほんど》に復帰《ふっき》 一九七二年のこの日、二十七年ぶりに沖縄がアメリカから日本に返還《へんかん》された。沖縄は、第《だい》二次《じ》世界《せかい》大戦中《たいせんちゅう》の一九四五年からアメリカによる占領《せんりょう》・統治下《とうちか》におかれていたんだ。➡6/17

J《ジェイ》リーグ開幕《かいまく》 一九九三年のこの日、日本初《にほんはつ》のプロサッカーリーグが開幕。全《ぜん》十チームで構成《こうせい》され、シリーズがスタートしたんだ。

たんじょう日

北条時宗《ほうじょうときむね》（執権《しっけん》・1251年）／**ピエール・キュリー**（物理学者《ぶつりがくしゃ》・フランス・1859年）／**市川房枝《いちかわふさえ》**（政治家《せいじか》・1893年）

たんじょう花と花ことば

カーネーション／あなたを熱愛《ねつあい》する

16日

旅《たび》の日 松尾芭蕉《まつおばしょう》が『奥《おく》の細道《ほそみち》』の旅に出発《しゅっぱつ》したのは、旧暦《きゅうれき》の一六八九年三月二十七日。新暦《しんれき》に直すと、この日になるんだ。それにちなんで、「日本旅《にほんたび》のペンクラブ」が制定《せいてい》したよ。➡3/27

たんじょう日

デイビッド・E・ヒューズ（物理学者・イギリス・1831年）／**林家彦六《はやしやひころく》**（落語家《らくごか》・1895年）／**溝口健二《みぞぐちけんじ》**（映画監督・1898年）

忌日 **北村透谷《きたむらとうこく》**

たんじょう花と花ことば

アリウム／正しい主張《しゅちょう》

17日

世界《せかい》電気《でんき》通信日《つうしんび》　一八六五年のこの日、万国《ばんこく》電信《でんしん》条約《じょうやく》が署名《しょめい》されたよ。電気通信への理解《りかい》と普及《ふきゅう》を目的《もくてき》とする記念日《きねんび》だ。

男女《だんじょ》雇用《こよう》機会《きかい》均等《きんとう》法《ほう》成立《せいりつ》　一九八五年のこの日、はたらく場での男女の差《さ》別《べつ》を禁止《きんし》する法律《ほうりつ》が制定されたよ。募集《ぼしゅう》、採用《さいよう》、昇給《しょうきゅう》、昇進《しょうしん》など、あらゆるケースで公平《こうへい》な待遇《たいぐう》に処《しょ》すことをさだめているんだ。

たんじょう日

エドワード・ジェンナー（医師《いし》・イギリス・1749年）／**安井曽太郎《やすいそうたろう》**（洋画家《ようがか》・1888年）／**横山隆一《よこやまりゅういち》**（まんが家・1909年）

たんじょう花と花ことば

シラン／たがいにわすれないように

18日

ハーグ平和《へいわ》会議《かいぎ》開催《かいさい》　ロシア皇帝《こうてい》ニコライ二世《せい》のよびかけによって、オランダのハーグで第《だい》一回《かい》万国《ばんこく》平和《へいわ》会議《かいぎ》がひらかれたよ。一八九九年のこの日のことだ。世界《せかい》でおきている争《あらそ》いを、平和的《へいわてき》に解決《かいけつ》することが目的《もくてき》だったよ。

ごろあわせ記念日

ことばの日 こ(5)と(10)ば(8)

たんじょう日

ニコライ二世《せい》（皇帝《こうてい》・ロシア・1868年）／**二代目《だいめ》広沢虎造《ひろさわとらぞう》**（浪曲師《ろうきょくし》・1899年）

たんじょう花と花ことば

バイカウツギ／気品《きひん》

19日

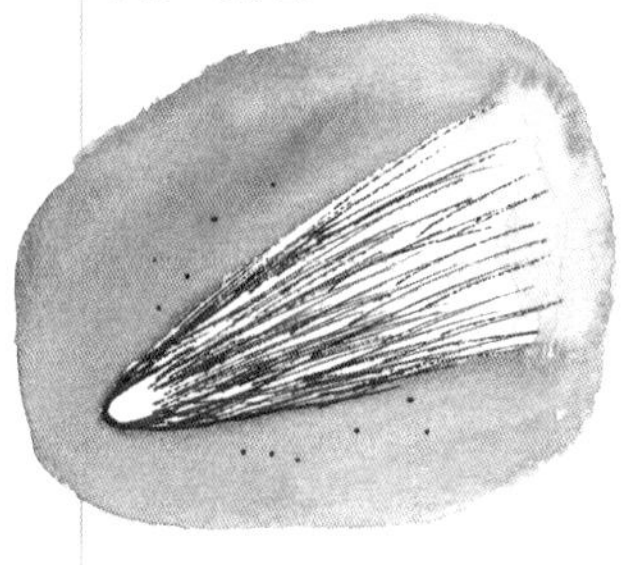

ハレーすい星《せい》

ハレーすい星《せい》接近《せっきん》　一九一〇年のこの日、ハレーすい星が地球《ちきゅう》に接近した。このとき、「有毒《ゆうどく》ガスが地球をつつむ」「地球の生物《せいぶつ》が全滅《ぜんめつ》する」などのうわさがたち、世界中《せかいじゅう》でパニックが広がったんだって。ハレーすい星は、約《やく》七十六年の周期《しゅうき》で太陽《たいよう》のまわりをまわっているすい星だよ。

たんじょう日

西田幾多郎《にしだきたろう》（哲学者《てつがくしゃ》・1870年）／**ホー・チ・ミン**（政治家・ベトナム・1890年）／**マルコムX**（黒人《こくじん》指導《しどう》者《しゃ》・アメリカ・1925年）

たんじょう花と花ことば

シャクヤク／はじらい

豆クイズ

J《ジェイ》リーグは、日本プロサッカーリーグ（JAPAN《ジャパン》 PROFESSIONAL《プロフェッショナル》 FOOTBALL《フットボール》 LEAGUE《リーグ》）の通称《つうしょう》だよ。「J」は、日本の英語《えいご》表記《ひょうき》「JAPAN」の頭文字《かしらもじ》。日本のほかに、Jからはじまる国名を知《し》っているかな？

答えは下にあるよ

答え：ジャマイカ（JAMAICA）、ヨルダン（JORDAN）

20日

バスコ・ダ・ガマ

バスコ・ダ・ガマがインドに到着《とうちゃく》　一四九八年のこの日、前の年にポルトガルを出発《しゅっぱつ》したバスコ・ダ・ガマがインドのカリカット（いまのコーリコード）に到着。大西洋《たいせいよう》を南下し、アフリカ最南端《さいなんたん》の喜《き》望峰《ぼうほう》をまわって、約《やく》十か月かけてついたんだ。この航路《こうろ》の発見《はっけん》により、ヨーロッパとアジアのあいだで船の行《ゆ》き来《き》がはじまったよ。

たんじょう日

オノレ・ド・バルザック（作家・フランス・1799年）／**高村智恵子《たかむらちえこ》**（洋《よう》画家《がか》・1886年）／**ジェイムズ・スチュアート**（俳優《はいゆう》・アメリカ・1908年）／**王貞治《おうさだはる》**（野球選手《やきゅうせんしゅ》・1940年）

たんじょう花と花ことば

リトプス／用心深《ようじんぶか》い

21日

大西洋《たいせいよう》横断《おうだん》飛行《ひこう》に成功《せいこう》した日　アメリカの飛行家《ひこうか》チャールズ・リンドバーグが、単葉機《たんようき》「スピリット・オブ・セントルイス号《ごう》」でニューヨークを飛《と》びたち、約三十三時間かけてパリについたよ。一九二七年のこの日のことだ。人類初《じんるいはつ》の大西洋《たいせいよう》横断《おうだん》無着陸《むちゃくりく》単独《たんどく》飛行《ひこう》だった。パリの人びとはその成功を祝《いわ》って、熱狂的《ねっきょうてき》に彼《かれ》をむかえたんだって。

たんじょう日

アルブレヒト・デューラー（画家・ドイツ・1471年）／**メアリー・アニング**（古生物学者《こせいぶつがくしゃ》・イギリス・1799年）／**アンリ・ルソー**（画家・フランス・1844年）

たんじょう花と花ことば

カスミソウ／無邪気《むじゃき》

22日

ガールスカウト
日本連盟《にほんれんめい》のロゴマーク

ガールスカウトの日　第《だい》二次《じ》世界大戦《せかいたいせん》で中断《ちゅうだん》していた日本のガールスカウト運動《うんどう》を再開《さいかい》するため、一九四七年五月に東京で会合《かいごう》があった。それを記念《きねん》する日。一九一〇年にイギリスではじまったガールスカウトは、女性《じょせい》のための社会教育団体《しゃかいきょういくだんたい》。少女たちはキャンプや地域《ちいき》の催《もよお》しに参加《さんか》し、社会経験《しゃかいけいけん》をつむんだ。

たんじょう日

リヒャルト・ワグナー（作曲家《さっきょくか》・ドイツ・1813年）／**コナン・ドイル**（作家・イギリス・1859年）／**坪内逍遥《つぼうちしょうよう》**（作家・1859年）／**エルジェ**（まんが家・ベルギー・1907年）／**アーノルド・ローベル**（絵本作家・アメリカ・1933年）

たんじょう花と花ことば

レモン／熱愛《ねつあい》

23日

西ドイツ誕生《たんじょう》　第二次世界大戦で敗北《はいぼく》したドイツは、アメリカ・イギリス・フランス・ソ連《れん》（いまのロシア）により分割統治《ぶんかつとうち》されたんだ。一九四九年のこの日、米英仏の占領地域《せんりょうちいき》に臨時政府《りんじせいふ》が発足《ほっそく》し、西ドイツ（ドイツ連邦共和国《れんぽうきょうわこく》）が誕生したよ。ソ連の占領地域は東ドイツ（ドイツ民主共和国《みんしゅきょうわこく》）となり、ふたつの国がもう一度《ど》ひとつになったのは、四十一年後だった。⬇8/13、10/3、11/9

ドイツの国旗《こっき》

ごろあわせ記念日

恋文《こいぶみ》の日　こ（5）いぶみ（23）

たんじょう日

サトウ・ハチロー（詩人《しじん》・1903年）／**宮本三郎《みやもとさぶろう》**（洋画家・1905年）／**マーガレット・ワイズ・ブラウン**（絵本作家・アメリカ・1910年）

たんじょう花と花ことば

ゴデチア／かわらぬ熱愛《ねつあい》

24日

日本初《にほんはつ》の盲唖学校《もうあがっこう》が開校《かいこう》　一八七八年のこの日、日本でさいしょの盲唖学校「京都盲唖院《きょうともうあいん》」がひらかれた。本格的《ほんかくてき》な視覚《しかく》・聴覚障害者教育《ちょうかくしょうがいしゃきょういく》のはじまりだ。

ゴルフ場記念日《じょうきねんび》　一九〇三年のこの日、日本ではじめてのゴルフ場「神戸《こうべ》ゴルフ倶楽部《くらぶ》」が六甲山《ろっこうさん》にオープンしたよ。

たんじょう日

ビクトリア（女王・イギリス・1819年）／**ミハイル・ショーロホフ**（作家・ロシア・1905年）／**ボブ・ディラン**（音楽家・アメリカ・1941年）

たんじょう花と花ことば

キランソウ／追憶《ついおく》の日々《ひび》

25日

アフリカ・デー　一九六三年のこの日に、アフリカ連合《れんごう》の前身《ぜんしん》、アフリカ統《とう》一《いっ》機構《きこう》が創設《そうせつ》されたよ。アフリカ全体《ぜんたい》の結束《けっそく》、それぞれの国の独立《どくりつ》、人びとのくらしの向上《こうじょう》などが目的《もくてき》なんだ。当時は三十一か国が参加《さんか》した。アフリカ連合となったいま、加盟国《かめいこく》は増《ふ》えているよ。

たんじょう日

ラルフ・ウォルドー・エマーソン（思想家《しそうか》・アメリカ・1803年）／**浜田広介《はまだひろすけ》**（児童文学作家・1893年）

たんじょう花と花ことば

ラナンキュラス／名誉《めいよ》

26日

東名高速道路《とうめいこうそくどうろ》が全線開通《ぜんせんかいつう》　東京〜名古屋《なごや》間《かん》が開通《かいつう》したのは、一九六九年のこの日のこと。名神高速道路《めいしんこうそくどうろ》（愛知県小牧市《あいちけんこまきし》〜兵庫県西宮市《ひょうごけんにしのみやし》）ともつながり、東京から西宮へ高速道路で行けるようになったんだ。

日本海中部地震《にほんかいちゅうぶじしん》　一九八三年のこの日の正午ごろ、秋田県沖《あきたけんおき》でマグニチュード七・七の地震が発生《はっせい》し、甚大《じんだい》な被害《ひがい》をおよぼしたんだ。

たんじょう日

ハインリヒ・ガイスラー（機械技術者《きかいぎじゅつしゃ》・ドイツ・1814年）／**エドモン・ゴンクール**（作家・フランス・1822年）／**イサドラ・ダンカン**（舞踏家《ぶとうか》・アメリカ・1877年）

たんじょう花と花ことば

ワサビ／目ざめ

27日

百人一首《ひゃくにんいっしゅ》の日　歌人の藤原定家《ふじわらのさだいえ》によって、一二三五年のこの日に小倉百人一首《おぐらひゃくにんいっしゅ》が完成《かんせい》した。六七〇年の天智天皇《てんじてんのう》から一一二〇年の藤原公経《ふじわらのきんつね》まで、百人の和歌を一首ずつえらんだんだ。百人一首はいくつもあるけれど、いまもお正月によく使《つか》われるのは小倉百人一首。小倉は、定家《さだいえ》の山荘《さんそう》があった場所《ばしょ》の名前だよ。

たんじょう日

イブン・ハルドゥーン（歴史家《れきしか》・チュニジア・1332年）／**ダシール・ハメット**（作家・アメリカ・1894年）／**レイチェル・カーソン**（作家、海洋生物学者《かいようせいぶつがくしゃ》／アメリカ／ 1907年）

たんじょう花と花ことば

ツルバラ／愛《あい》

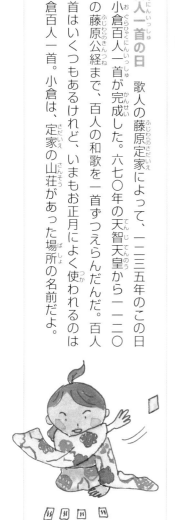

28日

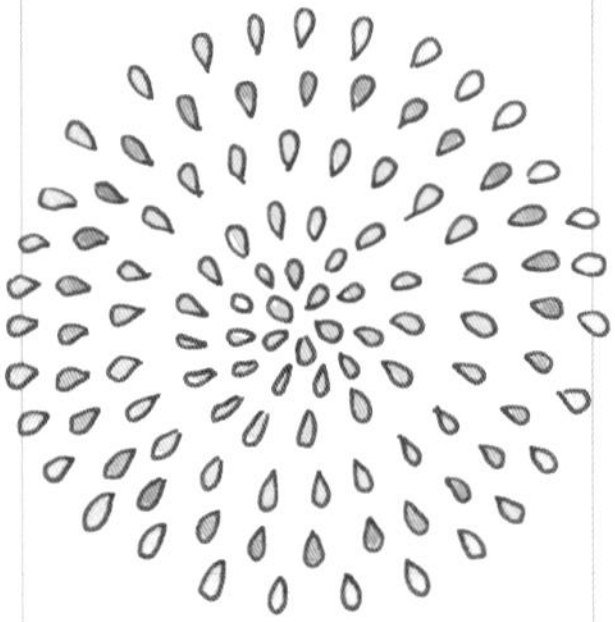

花火の日　一七三三年のこの日、隅田川《すみだがわ》の両国橋《りょうごくばし》付近《ふきん》で水神祭《すいじんまつ》りがおこなわれた。いまは「隅田川花火大会」の名で、夏の風物《ふうぶつ》詩《し》として毎年多くの人でにぎわうよ。

たんじょう日

崇徳《すとく》（天皇《てんのう》・1119年）／**ジョゼフ・ギヨタン**（医師《いし》・フランス・1738年）／ **イアン・フレミング**（作家・イギリス・1908年）

忌日《きにち》　**在原業平《ありわらのなりひら》**／**堀辰雄《ほりたつお》**

たんじょう花と花ことば

スズラン／幸福《こうふく》がもどってくる

29日

エベレストに初登頂《はつとうちょう》　イギリス登山隊《とざんたい》が、世界最《せかいさい》高峰《こうほう》のエベレスト（チョモランマ）初登頂に成功《せいこう》した。一九五三年のこの日のこと。アタックしたのは、ニュージーランド人のエドモンド・ヒラリーとネパール人のテンジン・ノルゲイ。

ごろあわせ記念日

呉服《ごふく》の日／こんにゃくの日 こ（5）んにゃく（29）

たんじょう日

チャールズ二世《せい》（国王・イングランド・1630年）／**野口雨情《のぐちうじょう》**（詩人《しじん》・1882年）／**内田百閒《うちだひゃっけん》**（作家・1889年）／**ジョン・F・ケネディ**（政治家《せいじか》・アメリカ・1917年）

忌日　**与謝野晶子《よさのあきこ》**

たんじょう花と花ことば

ジャーマンアイリス／よろしくおつたえください

30日

ジャンヌ・ダルク

ジャンヌ・ダルク処刑《しょけい》される　フランスとイギリスのあいだでおきていた百年戦争《ひゃくねんせんそう》のなかで、イギリス軍《ぐん》からフランスを救《すく》ったのは、農家《のうか》の娘《むすめ》、ジャンヌ・ダルクだったんだ。しかし、ジャンヌはイギリス側《がわ》にとらえられ、一四三一年のこの日に処刑された。

ごろあわせ記念日

ごみゼロの日

たんじょう日

杉田久女《すぎたひさじょ》（俳人《はいじん》・1890年）／**ベニー・グッドマン**（音楽家・アメリカ・1909年）／**安岡章太郎《やすおかしょうたろう》**（作家・1920年）

たんじょう花と花ことば

オダマキ／断固《だんこ》として勝《か》つ

31日

日韓共催《にっかんきょうさい》のサッカーワールドカップ開幕《かいまく》　二〇〇二年のこの日、四年にいちどひらかれるサッカーの国際大会《こくさいたいかい》、ワールドカップが日本と韓国《かんこく》の共同開催《きょうどうかいさい》で開幕したよ。アジアでひらかれた、はじめてのワールドカップだったんだ。大会は一か月間。主催国《しゅさいこく》の韓国はベスト4、日本はベスト16にのこって大健闘《だいけんとう》を見せたよ。

ごろあわせ記念日

古材《こざい》の日 こ（5）ざい（31）

たんじょう日

ウォルト・ホイットマン（詩人・アメリカ・1819年）／**伊福部昭《いふくべあきら》**（作曲《さっきょく》家《か》・1914年）

たんじょう花と花ことば

カラー／清浄《せいじょう》

6 月

水《み》無《な》月《づき》

6月のたんじょう石：真珠《しんじゅ》

宝石《ほうせき》ことば：富《とみ》と健康《けんこう》

6月の色：乳白《にゅうはく》

1日

写真《しゃしん》の日 日本初《にほんはつ》の写真が、一八四一年のこの日に撮影《さつえい》されたと考えられていたんだ。

国際《こくさい》子どもの日 一九二五年にジュネーブでひらかれた「子どもの福祉世界会議《ふくしせかいかいぎ》」で、さだめられた日。こどもの権利《けんり》を尊重《そんちょう》し、成長《せいちょう》を祝《いわ》うことなどを目的《もくてき》としているよ。

たんじょう日

佐多稲子《さたいねこ》（作家·1904年）／**マリリン・モンロー**（俳優《はいゆう》·アメリカ·1926年）

たんじょう花と花ことば

テンナンショウ／**壮大《そうだい》な美《び》**

2日

横浜開港記念日《よこはまかいこうきねんび》 一八五九年のこの日、横浜の港《みなと》で貿易《ぼうえき》がはじまったよ。このころの日本の貿易は横浜が中心で、綿織物《めんおりもの》、毛織物《けおりもの》が輸入《ゆにゅう》され、生糸《きいと》や海産物《かいさんぶつ》、お茶などが輸出《ゆしゅつ》されたんだ。同じ日に、長崎港《ながさきこう》・箱館港《はこだてこう》（いまの函館港《はこだてこう》）も開港した。

⬇ 6/28、12/7

ごろあわせ記念日

路地《ろじ》の日／**甘露煮《かんろに》の日** かんろ(6)に(2)／**おむつの日** お(0)む(6)つ(2)

たんじょう日

マルキ・ド・サド（作家·フランス·1740年）／**トーマス・ハーディ**（作家·イギリス·1840年）／**フェリックス・ワインガルトナー**（指揮者《しきしゃ》·オーストリア·1863年）

たんじょう花と花ことば

ササユリ／**上品《じょうひん》**

3日

黒船来航《くろふねらいこう》で、江戸《えど》は大さわぎ

ペリー来航《らいこう》 一八五三年のこの日、神奈川県《かながわけん》の浦賀《うらが》に軍艦《ぐんかん》（黒船《くろふね》）が来航した。開国《かいこく》をせまるアメリカ大統領《だいとうりょう》の手紙をもってきたんだ。

雲仙普賢岳《うんぜんふげんだけ》いのりの日 一九九一年のこの日、長崎県島原市《ながさきけんしまばらし》の雲仙普賢岳で、大規模《だいきぼ》な火砕流《かさいりゅう》が発生《はっせい》したんだ。犠牲者《ぎせいしゃ》をいたみ、火《か》砕流発生時刻《さいりゅうはっせいじこく》の午後四時八分に黙祷《もくとう》をおこなっているよ。

たんじょう日

佐佐木信綱《ささきのぶつな》（国文学者《こくぶんがくしゃ》·1872年）／**ラウル・デュフィ**（画家·フランス·1877年）／**北川冬彦《きたがわふゆひこ》**（詩人《しじん》·1900年）／**アレン・ギンズバーグ**（詩人·アメリカ·1926年）

たんじょう花と花ことば

スイカズラ／**愛《あい》のきずな**

4日

歯《は》と口の健康週間《けんこうしゅうかん》はじまる 六月四日「ム・シ」で一九二八年に「虫《むし》歯《ば》予防《よぼう》デー」ができたんだ。いまは、この日からの一週間を「歯と口の健康週間」として、虫歯の治療《ちりょう》や歯みがきの徹底《てってい》をよびかけているよ。

ごろあわせ記念日

虫の日

たんじょう日

木下順庵《きのしたじゅんあん》（儒学者《じゅがくしゃ》·1621年）／**フランソワ・ケネー**（経済学者《けいざいがくしゃ》·フランス·1694年）／**森本薫《もりもとかおる》**（劇作家《げきさっか》·1912年）

たんじょう花と花ことば

ウツギ／**ひみつ**

5日

世界環境《せかいかんきょう》デー　一九七二年のこの日に、スウェーデンのストックホルムで国連人間環境会議《こくれんにんげんかんきょうかいぎ》がひらかれたよ。世界規模《せかいきぼ》で環境問題《かんきょうもんだい》が話しあわれた、はじめての会議だ。そこで「人間環境宣言《にんげんかんきょうせんげん》」を採択《さいたく》した。記念日《きねんび》にすることを提案《ていあん》したのは、日本とセネガルだったよ。

たんじょう日

アダム・スミス（経済学者・イギリス・1723年）／**ジョン・メイナード・ケインズ**（経済学者・イギリス・1883年）／**ルース・ベネディクト**（文化人類学者《ぶんかじんるいがくしゃ》・アメリカ・1887年）

たんじょう花と花ことば

ホタルブクロ／忠実《ちゅうじつ》

6日

楽器《がっき》の日　日本では古くから、歌やおどり、楽器の演奏《えんそう》は、「六才の六月六日にはじめると上達《じょうたつ》する」といわれていたよ。このことから、もっと楽器になじんでもらおうとさだめられた日なんだ。

締《しめ》だいこ

ごろあわせ記念日

かえるの日　ケロ(6)ケロ(6)

たんじょう日

ディエゴ・ベラスケス（画家・スペイン・1599年）／**アレクサンドル・プーシキン**（詩人・ロシア・1799年）／**ロバート・スコット**（探検家《たんけんか》・イギリス・1868年）

たんじょう花と花ことば

アヤメ／よき便《たよ》り

7日

はじめての母親大会《ははおやたいかい》　一九五五年のこの日、東京で第一回母親大会がひらかれたよ。前年にアメリカがビキニ環礁《かんしょう》で水爆実験《すいばくじっけん》をおこなったことを機《き》に、スイスで世界母親大会の開催《かいさい》がきまったんだ。その先がけの大会だった。生命《せいめい》とくらし、こどもと教育《きょういく》、平和《へいわ》、女性《じょせい》の地位向上《ちいこうじょう》などにかんする講演会《こうえんかい》などがいまもつづけられている。

たんじょう日

ポール・ゴーギャン（画家・フランス・1848年）／**管野《かんの》スガ**（社会主《しゃかいしゅ》義者《ぎしゃ》・1881年）／**トム・ジョーンズ**（歌手・イギリス・1940年）

たんじょう花と花ことば

クチナシ／洗練《せんれん》

8日

世界海洋《せかいかいよう》デー　世界の国ぐにをつなぐ海のことを、国をこえて考えようという日だよ。一九九二年のこの日、リオ・デ・ジャネイロでひらかれた地球《ちきゅう》サミットでカナダが提案《ていあん》し、二〇〇八年、公式にこの日ときまったんだ。海洋資源《かいようしげん》の保護《ほご》や、海の環境保全《かんきょうほぜん》など、考えるべきこと、まもるべきものはたくさんあるよ。

たんじょう日

ロベルト・A・シューマン（作曲《さっきょく》家《か》・ドイツ・1810年）／**フランク・ロイド・ライト**（建築家《けんちくか》・アメリカ・1867年）／**知里幸恵《ちりゆきえ》**（アイヌ語記《き》録者《ろくしゃ》・1903年）

たんじょう花と花ことば

デイゴ／夢《ゆめ》

9日

釧路《くしろ》でラムサール条約締約国会議開催《じょうやくていやくこくかいぎかいさい》　一九九三年のこの日、北海道の釧路でアジア初《はつ》のラムサール条約締約国会議がひらかれたよ。この条約は、水鳥の生息地《せいそくち》である水辺《みずべ》をまもる目的《もくてき》で、一九七一年にむすばれたんだ。日本は一九八〇年に加盟《かめい》し、釧路湿原《くしろしつげん》や伊豆沼《いずぬま》などが登録《とうろく》されている。➡2/2

ごろあわせ記念日

ロックの日

たんじょう日

ピョートル一世《せい》（皇帝《こうてい》・ロシア・1672年）／**ジョージ・スティーブンソン**（発明家《はつめいか》・イギリス・1781年）／**山田耕筰《やまだこうさく》**（作曲家《さっきょくか》・1886年）／**ドナルドダック**（アニメーションのキャラクター・アメリカ・1934年）

たんじょう花と花ことば

シモツケソウ／無益《むえき》

10日

時の記念日《きねんび》　六七一年四月二十五日に、「はじめて水時計《みずどけい》を使《つか》って時を知らせた」と『日本書紀《にほんしょき》』にしるされているよ。これを記念して、四月二十五日をいまの暦《こよみ》になおした六月十日を、「時の記念日」にしたんだ。この水時計は「漏刻《ろうこく》」とよばれたよ。

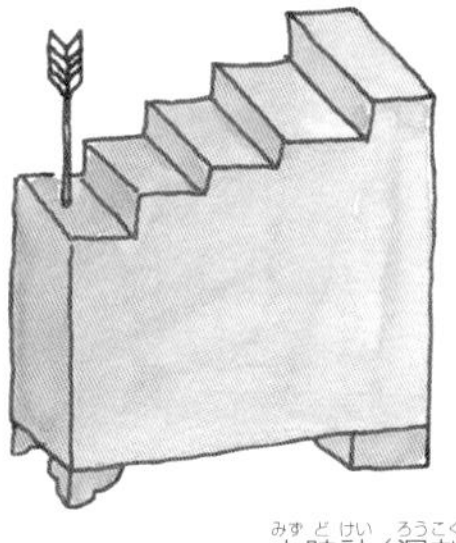

水時計《みずどけい》（漏刻《ろうこく》）

たんじょう日

ギュスターブ・クールベ（画家・フランス・1819年）／**早川雪洲《はやかわせっしゅう》**（俳優《はいゆう》・1886年）／**モーリス・センダック**（絵本作家・アメリカ・1928年）

たんじょう花と花ことば

アカンサス／美術《びじゅつ》

11日

かさの日　この日は暦にある雑節《ざっせつ》の「入梅《にゅうばい》」。梅雨《つゆ》にはいる日、ということだよ。それで「かさの日」になったんだ。雑節《ざっせつ》とは、暦の上で、季節《きせつ》のかわり目をしめす節目《ふしめ》のこと。

日本初《にほんはつ》の銀行登場《ぎんこうとうじょう》　一八七三年のこの日に、日本初の銀行、第《だい》一国立銀行《いちこくりつぎんこう》が設立《せつりつ》されたよ。

たんじょう日

リヒャルト・シュトラウス（作曲家・ドイツ・1864年）／**岡本一平《おかもといっぺい》**（まんが家・1886年）／**森村泰昌《もりむらやすまさ》**（現代美術家《げんだいびじゅつか》・1951年）

たんじょう花と花ことば

ベニバナ／よそおい

12日

恋人《こいびと》の日　ブラジルのサンパウロ地方では、結婚《けっこん》や縁《えん》むすびの聖人《せいじん》、聖《せい》アントニウスの命日《めいにち》の前日《ぜんじつ》を、「恋人の日」としているよ。

児童労働《じどうろうどう》に反対《はんたい》する世界《せかい》デー　世界《せかい》には、過酷《かこく》な労働環境《ろうどうかんきょう》ではたらいているこどもがおおぜいいる。こどもの未来《みらい》をうばい、権利《けんり》を侵害《しんがい》する児童労働を撲滅《ぼくめつ》しようと、毎年世界各地《まいとしせかいかくち》でさまざまな活動《かつどう》がおこなわれるんだ。

たんじょう日

岡本帰一《おかもときいち》（洋画家《ようがか》・1888年）／**マルゲリータ・アック**（天文学者《てんもんがくしゃ》、物理学者《ぶつりがくしゃ》・イタリア・1922年）／**アンネ・フランク**（『アンネの日記』著者《ちょしゃ》・ドイツ・1929年）

たんじょう花と花ことば

ユッカ／勇壮《ゆうそう》

13日

「小さな親切運動《しんせつうんどう》」スタートの日　東京大学の卒業式《そつぎょうしき》で、総長《そうちょう》が卒業生《そつぎょうせい》にむけておくったことばがきっかけとなり、一九六三年のこの日、「小さな親切運動」の本部《ほんぶ》が発足《ほっそく》。小さな親切を勇気《ゆうき》をもってやっていこうとよびかける運動《うんどう》がすすめられているよ。

ごろあわせ記念日

いいみょうがの日　いい(1) み(3) ょうが。6月からみょうがの旬《しゅん》がはじまる

たんじょう日

トマス・ヤング(物理学者・イギリス・1773年)／**ジェイムズ・クラーク・マクスウェル**(理論物理学者《りろんぶつりがくしゃ》・イギリス・1831年)／**ウィリアム・バトラー・イェイツ**(詩人《しじん》・アイルランド・1865年)

たんじょう花と花ことば

ツンベルギア／うつくしいひとみ

14日

フラッグデー　アメリカの記念日。一七七七年のこの日に、星条旗《せいじょうき》がアメリカの国旗《こっき》に制定《せいてい》されたことを記念してさだめられた日だよ。

五輪旗制定《ごりんきせいてい》　一九一四年のこの日、国際《こくさい》オリンピック委員会《いいんかい》が「オリンピック精神《せいしん》のもとに」国際大会旗《たいかいき》」(五輪旗)を制定した。世界の五大陸《たいりく》がオリンピックのもとにまじわることを象徴《しょうちょう》するデザインなんだ。

五輪旗《ごりんき》

たんじょう日

シャルル・ド・クーロン(物理学者・フランス・1736年)／**ハリエット・ビーチャー・ストウ**(作家・アメリカ・1811年)／**チェ・ゲバラ**(革命家《かくめいか》、政治家《せいじか》・アルゼンチン・1928年)

たんじょう花と花ことば

ハルシャギク／いつも陽気《ようき》

15日

日本ではじめての女性裁判所長誕生《じょせいさいばんしょちょうたんじょう》　三淵嘉子《みぶちよしこ》が新潟家庭裁判所《にいがたかていさいばんしょ》の所長《しょちょう》に任命《にんめい》されたのは、一九七二年のこの日のことだよ。

たんじょう日

空海《くうかい》(僧侶《そうりょ》・774年)／**エドワード黒太子《こくたいし》**(王子・イングランド・1330年)／**エドバルド・グリーグ**(作曲家・ノルウェー・1843年)

たんじょう花と花ことば

タチアオイ／平安《へいあん》

豆クイズ

日本伝統《でんとう》の和がさには、布《ぬの》やビニールのかわりになにが使《つか》われている？

① 絹《きぬ》の布
② うすい板《いた》
③ 紙

答えは下にあるよ

答え：③ 油《あぶら》やうるしをぬった紙がはってあるよ

16日

和菓子《わがし》の日 八四八年のこの日に、仁明天皇《にんみょうてんのう》が疫病《えきびょう》を追《お》いはらい、人《じん》民《みん》の健康《けんこう》と幸福《こうふく》をいのって十六個《こ》の菓子《かし》を神前《しんぜん》にそなえたそうだよ。これが宮中《きゅうちゅう》の行事《ぎょうじ》としてつたわった。さらに江戸時代《えどじだい》には、武家《ぶけ》のあいだでも、この日にお菓子を買ったり、殿様《とのさま》がお菓子を家来《けらい》にわたしたりする習慣《しゅうかん》があったんだ。

たんじょう日

石森延男《いしもりのぶお》（児童文学作家《じどうぶんがくさっか》・1897年）／**バーバラ・マクリントック**（遺伝学者《いでんがくしゃ》・アメリカ・1902年）／**ジョイス・キャロル・オーツ**（詩人《しじん》、作家・アメリカ・1938年）

たんじょう花と花ことば

マツバギク／怠惰《たいだ》

17日

沖縄返還協定調印《おきなわへんかんきょうていちょういん》の日 沖縄は、第《だい》二次《じ》世界大戦《せかいたいせん》がおわってサンフランシスコ平和条約《へいわじょうやく》が発効《はっこう》したあとも、アメリカの占領下《せんりょうか》におかれていたよ。一九七一年のこの日、アメリカとのあいだでようやく沖縄返還協定がむすばれたんだ。翌年《よくねん》、沖縄が日本に復帰《ふっき》した。⇒4/28、5/15

沖縄《おきなわ》の魔《ま》よけ、シーサー

たんじょう日

シャルル・グノー（作曲家《さっきょくか》・フランス・1818年）／**イーゴリ・ストラビンスキー**（作曲家・ロシア・1882年）／**初代高橋竹山《しょだいたかはしちくざん》**（津軽三味線奏者《つがるじゃみせんそうしゃ》・1910年）

たんじょう花と花ことば

リアトリス／もえる想《おも》い

18日

ひめゆり学徒隊《がくとたい》の慰霊碑《いれいひ》

海外移住《かいがいいじゅう》の日 ブラジル第《だい》一回移民《かいいみん》として日本を出発《しゅっぱつ》した一五八家族《かぞく》七八一人が、一九〇八年のこの日、サントスに上陸《じょうりく》したよ。

ひめゆり部隊自決《ぶたいじけつ》 第二次世界大戦中の一九四五年四月、アメリカ軍《ぐん》が沖縄本島《おきなわほんとう》に上陸。従軍看護婦《じゅうぐんかんごふ》として戦場《せんじょう》に送《おく》られていたひめゆり学徒隊《がくとたい》はこの日、日本軍《にほんぐん》に解散《かいさん》を命《めい》じられ、集団自決《しゅうだんじけつ》などで多数《たすう》が亡《な》くなった。

たんじょう日

エドワード・S・モース（動物学者《どうぶつがくしゃ》・アメリカ・1838年）／**レイモン・ラディゲ**（作家・フランス・1903年）／**ドナルド・キーン**（日本文学者《にほんぶんがくしゃ》・アメリカ・1922年）

たんじょう花と花ことば

オモダカ／高潔《こうけつ》

19日

ベースボール記念日《きねんび》 アメリカのニュージャージー州《しゅう》で一八四六年のこの日に、いまのルールに近い野球《やきゅう》の試合《しあい》がはじめておこなわれたよ。

桜桃忌《おうとうき》 一九四八年六月十三日、作家、太宰治《だざいおさむ》が東京の玉川上水《たまがわじょうすい》で自殺《じさつ》。遺体《いたい》は太宰の誕生日《たんじょうび》でもある六日後の十九日に発見《はっけん》され、命日《めいにち》とされた。この日は、作品《さくひん》の『桜桃《おうとう》』にちなんで桜桃忌とよばれている。

たんじょう日

ブレーズ・パスカル（哲学者《てつがくしゃ》・フランス・1623年）／**ルー・ゲーリック**（野球選手《やきゅうせんしゅ》・アメリカ・1903年）／**太宰治《だざいおさむ》**（作家・1909年）

たんじょう花と花ことば

イキシア／団結《だんけつ》してあたろう

20日

世界難民《せかいなんみん》の日 一九七四年のこの日、アフリカ統一機構難民条約《とういつきこうなんみんじょうやく》が発効《はっこう》したんだ。世界の難民の保護《ほご》と援助《えんじょ》にたいする、世界的《せかいてき》な関心《かんしん》を高めることが目的《もくてき》だよ。

これを記念《きねん》してできた「アフリカ難民の日」が、二〇〇〇年十二月に「世界難民の日」となった。

ごろあわせ記念日

ペパーミントデー ミント=ハッカ(20日)。ハッカの産地《さんち》、北海道《ほっかいどう》の6月のさわやかさにちなんで

たんじょう日

フレデリック・ホプキンズ(生化学者《せいかがくしゃ》・イギリス・1861年)/**丸木位里《まるきいり》**(日本画家・1901年)/**ブライアン・ウィルソン**(音楽家・アメリカ・1942年)/**ナインチェ・プラウス**(絵本の主人公《しゅじんこう》・オランダ・1955年)

たんじょう花と花ことば

カヤ/こどもの守護神《しゅごしん》

21日

ヨガの国際《こくさい》デー 六月二十一日は、北半球《きたはんきゅう》で昼が一年でもっとも長くなる夏至《げし》になることが多く、世界的《せかいてき》にこの日は特別《とくべつ》とされているんだ。この日にヨガのよさを広く知ってもらおうということから、制定《せいてい》されたそうだよ。

たんじょう日

村岡花子《むらおかはなこ》(翻訳家《ほんやくか》、児童文学作家《じどうぶんがくさっか》・1893年)/**ジャン・ポール・サルトル**(哲学者・フランス・1905年)

たんじょう花と花ことば

サツキ/節制《せっせい》

22日

ガリレオ・ガリレイの宗教裁判《しゅうきょうさいばん》 一六三三年のこの日、天動説《てんどうせつ》を信《しん》じる教会が、地動説《ちどうせつ》をとなえたイタリアのガリレオに終身禁固《しゅうしんきんこ》の判決《はんけつ》をだした。

マラドーナが五人抜《ぬ》き 一九八六年のこの日、サッカーのワールドカップ・メキシコ大会で、アルゼンチン代表《だいひょう》のディエゴ・マラドーナがイングランドとの準々決勝《じゅんじゅんけっしょう》で五人抜きのドリブルをして、ゴールをきめたよ。

たんじょう日

ウィルヘルム・フォン・フンボルト(言語学者《げんごがくしゃ》・ドイツ・1767年)/**山本周五郎《やまもとしゅうごろう》**(作家・1903年)/**ビリー・ワイルダー**(映画監督《えいがかんとく》・アメリカ・1906年)

たんじょう花と花ことば

ヤブカンゾウ/物《もの》わすれ

23日

沖縄慰霊《おきなわいれい》の日 一九四五年のこの日、八十日あまりつづいた沖縄《おきなわ》戦《せん》が終結《しゅうけつ》したんだ。第二次世界大戦中、日本では数少《かずすく》ない地上戦のあった沖縄。約《やく》二十万人の戦死者《せんししゃ》のうち民間人《みんかんじん》は約九万四〇〇〇人で、県民《けんみん》の四人に一人が犠牲《ぎせい》になった。この日は、沖縄県《おきなわけん》の各地《かくち》で慰霊祭《いれいさい》がおこなわれるよ。

たんじょう日

三木露風《みきろふう》(詩人・1889年)/**岸田劉生《きしだりゅうせい》**(洋画家《ようがか》・1891年)/**ウィルマ・ルドルフ**(陸上競技選手《りくじょうきょうぎせんしゅ》・アメリカ・1940年)

忌日《きにち》 国木田独歩《くにきだどっぽ》

たんじょう花と花ことば

ユスラウメ/かがやき

24日

UFO《ユーフォー》の日　世界初《せかいはつ》のＵＦＯ目撃談《もくげきだん》がうまれたのは、一九四七年のこの日のこと。アメリカのワシントン州上空《しゅうじょうくう》を自家用機《じかようき》で飛行中《ひこうちゅう》だった実《じつ》業家《ぎょうか》が、コーヒーのさらのような、なぞの飛行物体《ひこうぶったい》を目撃したそうだよ。

ドレミの日　一〇二四年のこの日、イタリアの僧侶《そうりょ》が、「聖《せい》ヨハネ賛歌《さんか》」を合唱隊《がっしょうたい》に指導《しどう》した際《さい》、音階《おんかい》の「ド、レ、ミ」を考えだしたよ。

たんじょう日

ジョン・ロス（探検家《たんけんか》・イギリス・1777年）／永田武《ながたたけし》（地球物理学者《ちきゅうぶつりがくしゃ》・1913年）

たんじょう花と花ことば

グミ／用心深《ようじんぶか》い

25日

住宅《じゅうたく》デー　家を建《た》てる大工さんなどが集《あつ》まった「全国建設労働組合《ぜんこくけんせつろうどうくみあい》総連合《そうれんごう》」が、職人《しょくにん》のうでと信用《しんよう》をアピールするためにつくった日だよ。雨もりの多いこの時季《じき》こそ、うでの見せどころ、ということで、この日を中心に記念日《きねんび》とすることをきめたんだって。

たんじょう日

菅原道真《すがわらのみちざね》（政治家《せいじか》・845年）／アントニオ・ガウディ（建築家《けんちくか》・スペイン・1852年）／エリック・カール（絵本作家・アメリカ・1929年）

たんじょう花と花ことば

ヒルガオ／友だちのよしみ

26日

「ハーメルンの笛吹《ふえふ》き男」事件《じけん》　一二八四年のこの日、ドイツのハーメルンという小さな村で、一三〇人のこどもが突然行方《とつぜんゆくえ》不明《ふめい》になったんだ。大捜索《だいそうさく》もむなしく、原因《げんいん》は不明《ふめい》のまま、こどもたちはみつからなかった。グリムも童話《どうわ》にした「ハーメルンの笛吹き男」の伝説《でんせつ》がうまれた事件だ。

ごろあわせ記念日

露天風呂《ろてんぶろ》の日

たんじょう日

ケルビン男爵《だんしゃく》（物理学者《ぶつりがくしゃ》・イギリス・1824年）／木戸孝充《きどたかよし》（政治家・1833年）／パール・バック（作家・アメリカ・1892年）

たんじょう花と花ことば

グロリオーサ／栄光《えいこう》

27日

演説《えんぜつ》の日　日本ではじめての演説会がおこなわれたのは、一八七四年のこの日のことだよ。演説したのは、福沢《ふくざわ》諭《ゆ》吉《きち》。「日本が西欧《せいおう》と対等《たいとう》に接《せっ》していくには、演説の力をつけることが必要《ひつよう》」と説《と》いたんだ。「演説」ということばも、福沢がつくったそうだよ。

たんじょう日

小泉八雲《こいずみやくも》（作家・1850年）／ヘレン・ケラー（社会福祉活動家《しゃかいふくしかつどうか》・アメリカ・1880年）／植芝吉祥丸《うえしばきっしょうまる》（合気道家《あいきどうか》・1921年）

忌日《きにち》　鈴木三重吉《すずきみえきち》

たんじょう花と花ことば

ビワ／治癒《ちゆ》

28日

貿易記念日《ぼうえききねんび》 一八五九年のこの日、江戸幕府《えどばくふ》がオランダやアメリカなどに、貿易を許可《きょか》したよ。↓6/2、12/7

ストーンウォールの反乱《はんらん》 一九六九年のこの日、アメリカのニューヨークにあるゲイバー「ストーンウォール・イン」に警察《けいさつ》がふみこんだ。権力《けんりょく》によるＬＧＢＴＱ＋《エルジービーティーキュープラス》*迫害《はくがい》への運動《うんどう》はここからはじまった。↓10/11

*レズビアン、ゲイ、バイセクシュアル、トランスジェンダーなど、性的少数者《せいてきしょうすうしゃ》のこと。

たんじょう日

ジャン・ジャック・ルソー（思想家・フランス・1712年）／**五代目古今亭志ん生《だいめここんていしじょう》**（落語家《らくごか》・1890年）／**佐野洋子《さのようこ》**（絵本作家・1938年）

忌日 林芙美子《はやしふみこ》

たんじょう花と花ことば

ザクロ／円熟《えんじゅく》した優美《ゆうび》

29日

ビートルズの日 一九六六年のこの日、人気絶頂《にんきぜっちょう》のロックグループ、ビートルズがイギリスから来日したよ。

熱帯地域《ねったいちいき》の国際《こくさい》デー 二〇一四年のこの日、ノーベル平和賞受賞者《へいわしょうじゅしょうしゃ》のアウン・サン・スー・チーが、熱帯地域の展望《てんぼう》を提示《ていじ》する報告書《ほうこくしょ》を発表《はっぴょう》したよ。著《いちじる》しく進歩《しんぽ》をとげてきた熱帯地域は、環境破壊《かんきょうはかい》や人口爆発《じんこうばくはつ》など、多くの課題《かだい》もかかえているんだ。

ビートルズ

たんじょう日

黒田清輝《くろだせいき》（洋画家《ようがか》・1866年）／**サン・テグジュペリ**（作家、飛行家《ひこうか》・フランス・1900年）／**ルロイ・アンダーソン**（作曲家《さっきょくか》・アメリカ・1908年）

たんじょう花と花ことば

アジサイ／うつり気

30日

神社《じんじゃ》につくられる茅《ち》の輪《わ》

夏越《なごし》のはらえ 一年の前半をおえ、後半をむかえるために、茅《ち》の輪《わ》くぐりをしておはらいをする神事《しんじ》だよ。

集団疎開《しゅうだんそかい》を決定《けってい》 第二次世界大戦中《だいにじせかいたいせんちゅう》の一九四四年のこの日、学童《がくどう》を集団疎開させることを、政府《せいふ》が閣議決定《かくぎけってい》したんだ。アメリカ軍《ぐん》による本土への空襲《くうしゅう》をさけられないと判断《はんだん》したため。

たんじょう日

アーネスト・サトウ（外交官《がいこうかん》・イギリス・1843年）／**石田英一郎《いしだえいいちろう》**（文化《ぶんか》人類学者《じんるいがくしゃ》・1903年）

たんじょう花と花ことば

ビヨウヤナギ／有用《ゆうよう》

豆クイズ

来日したビートルズがライブ公演《こうえん》をした会場はどこだったか知ってる？

① 日本武道館《にっぽんぶどうかん》
② 東京ドーム
③ 後楽園球場《こうらくえんきゅうじょう》

答えは下にあるよ

答え：① 日本武道館《にっぽんぶどうかん》で5回公演《かいこうえん》したよ。当時、東京ドームはまだなかったんだ

7 月

文月《ふみづき》

7月のたんじょう石：ルビー

宝石《ほうせき》ことば：情熱《じょうねつ》

7月の祝日《しゅくじつ》：海の日（第3月曜日）

7月の色：もも色

1日

山開《やまびら》き・海開《うみびら》き 各地《かくち》の海や山で、夏の海遊《うみあそ》び、山遊びを解禁《かいきん》する日だよ。シーズン中の安全《あんぜん》とにぎわいを祈願《きがん》するんだ。

カナダ・デー カナダの建国記念日《けんこくきねんび》。一八六七年のこの日に、カナダがイギリスから独立《どくりつ》したんだ。国民《こくみん》の祝日《しゅくじつ》になっているよ。

たんじょう日

ジョルジュ・サンド（作家・フランス・1804年）／**アンドレ・ケルテス**（写真家《しゃしんか》・ハンガリー・1894年）／**ウィリアム・ワイラー**（映画監督《えいがかんとく》・アメリカ・1902年）／**カール・ルイス**（陸上選手《りくじょうせんしゅ》・アメリカ・1961年）

たんじょう花と花ことば

アザミ／独立《どくりつ》

2日

一年の真《ま》ん中《なか》 この日の正午が、一年の真ん中にあたるよ。うるう年は、午前零時《ごぜんれいじ》が真ん中になる。

飛行船初飛行《ひこうせんはつひこう》 世界《せかい》ではじめて、金属製《きんぞくせい》の大型飛行船《おおがたひこうせん》が二十分間の飛行に成功《せいこう》したよ。一九〇〇年のこの日のことだ。ドイツのツェッペリンが設計《せっけい》し、みずから船長をつとめたんだ。

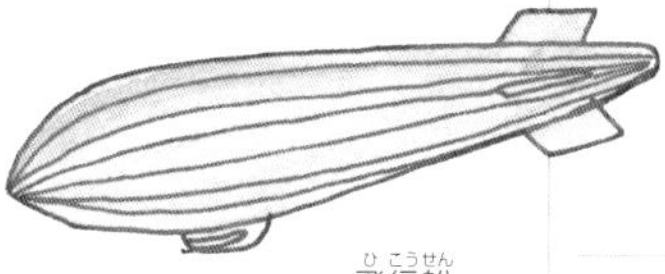

飛行船《ひこうせん》

たんじょう日

クリストフ・ビリバルト・グルック（作曲家《さっきょくか》・ドイツ・1714年）／**ヘルマン・ヘッセ**（作家・ドイツ・1877年）／**石川達三《いしかわたつぞう》**（作家・1905年）

たんじょう花と花ことば

ブローディア／守護《しゅご》

3日

小野妹子《おののいもこ》

遣隋使派遣《けんずいしはけん》 六〇七年のこの日、聖徳太子《しょうとくたいし》が隋《ずい》（いまの中国）につかいをだしたよ。小野妹子《おののいもこ》が聖徳太子の手紙をもって海をわたったんだ。聖徳太子は自分自身《じぶんじしん》を「日出《ひい》ずるところの天子《てんし》」と書いたので、隋《ずい》の煬帝《ようだい》はそのことばに怒《いか》りをおぼえながらも、外交《がいこう》・防衛《ぼうえい》のために倭《わ》（いまの日本）を受《う》けいれたよ。

ごろあわせ記念日

波《なみ》の日

たんじょう日

フランツ・カフカ（作家・チェコ・1883年）／**吉野秀雄《よしのひでお》**（歌人・1902年）／**深作欣二《ふかさくきんじ》**（映画監督・1930年）

たんじょう花と花ことば

タツナミソウ／わたしの命《いのち》をささげます

4日

アメリカ独立記念日《どくりつきねんび》 一七七六年のこの日、ペンシルバニア州《しゅう》のフィラデルフィアで、アメリカのさいしょの州となる十三の地域《ちいき》がイギリスからの独立を宣言《せんげん》したよ。独立宣言文は第《だい》三代《だい》アメリカ合衆国大統領《がっしゅうこくだいとうりょう》となるトマス・ジェファーソンが考えたもの（➡8/26）。独立が正式《せいしき》にみとめられたのは、その七年後の一七八三年だ。

自由の鐘《かね》「リバティ・ベル」。
独立宣言《どくりつせんげん》のとき、打《う》ちならされた

ごろあわせ記念日

梨《なし》の日

たんじょう日

スティーブン・フォスター（作曲家・アメリカ・1826年）／**中谷宇吉郎《なかやうきちろう》**（物理学者《ぶつりがくしゃ》・1900年）

たんじょう花と花ことば

ネジバナ／思慕《しぼ》

5日

豊臣秀吉《とよとみひでよし》

秀吉《ひでよし》が天下統一《てんかとういつ》　一五九〇年のこの日、豊臣秀吉《とよとみひでよし》が天下を統一したよ。織田信長《おだのぶなが》につかえていた秀吉は、信長を殺《ころ》したとされる明智光秀《あけちみつひで》をたおして主君《しゅくん》のあだをとり、信長の家来《けらい》だった柴田《しばた》勝家《かついえ》を破《やぶ》った。最後《さいご》に関東一円《かんとういちえん》をおさめていた北条氏《ほうじょうし》もほろぼして、天下統一をはたしたんだ。

たんじょう日

ジャン・コクトー（詩人《しじん》、作家・フランス・1889年）／**ジョルジュ・ポンピドゥー**（政治家《せいじか》・フランス・1911年）

忌日《きにち》　**栄西《えいさい》**

たんじょう花と花ことば

ニワゼキショウ／繁栄《はんえい》

6日

浅間山大噴火《あさまやまだいふんか》はじまる　長野と群馬《ぐんま》の二県《けん》にまたがる浅間山が、一七八三年に噴火したよ。関東《かんとう》の広い範囲《はんい》で被害《ひがい》がでて、いまの東京にあたる江戸《えど》の町にも火山灰《かざんばい》がふったそうだ。

日本がオリンピックに初参加《はつさんか》　一九一二年のこの日、ストックホルムオリンピックが開幕《かいまく》。日本からははじめて、ふたりの選手《せんしゅ》が出場したんだ。

浅間山《あさまやま》の噴火《ふんか》

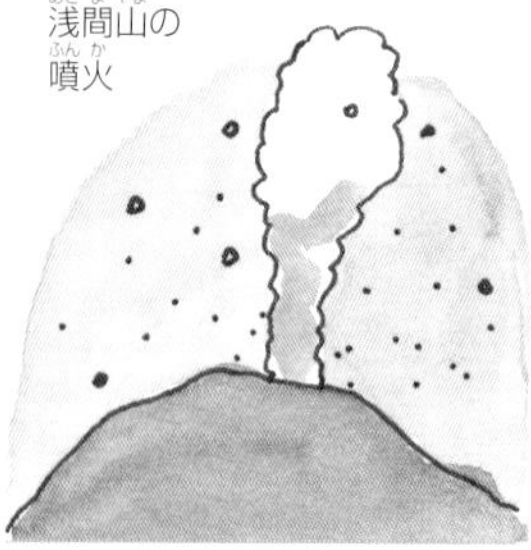

たんじょう日

佐藤紅緑《さとうこうろく》（作家・1874年）／**ダライ・ラマ十四世《せい》**（チベット仏教《ぶっきょう》の最《さい》高指導者《こうしどうしゃ》・チベット・1935年）

たんじょう花と花ことば

ハマユウ／けがれがない

7日

竹・たけのこの日　かぐや姫《ひめ》は、七夕《たなばた》うまれだそうだ。だから、この日は竹・たけのこの日。

カルピス誕生《たんじょう》　日本初《にほんはつ》の乳酸菌飲料《にゅうさんきんいんりょう》カルピスは、一九一九年のこの日にうまれたよ。

盧溝橋事件《ろこうきょうじけん》　一九三七年のこの日、中国の北京《ペキン》近くの盧溝橋で、日本と中国の両軍《りょうぐん》が衝突《しょうとつ》。日中戦争《にっちゅうせんそう》のはじまりとなったよ。

たんじょう日

ネッティー・スティーブンス（遺伝《いでん》学者《がくしゃ》・アメリカ・1861年）／**ビットリオ・デ・シーカ**（映画監督《えいがかんとく》、俳優《はいゆう》・イタリア・1901年）／**円谷英二《つぶらやえいじ》**（映画監督・1901年）

たんじょう花と花ことば

アベリア／謙譲《けんじょう》

8日

向井千秋《むかいちあき》さん宇宙《うちゅう》へ　日本人女性初《じょせいはつ》の宇宙飛行士《うちゅうひこうし》、向井千秋さんは、一九九四年のこの日、宇宙へ出発《しゅっぱつ》したよ。アメリカのケネディ宇宙センターから打《う》ちあげられたスペースシャトル「コロンビア」で、十四日間の飛行《ひこう》をして帰還《きかん》したんだ。飛行中には、金魚の宇宙酔《うちゅうよ》いの観察《かんさつ》など、さまざまな実験《じっけん》をしたよ。

向井千秋《むかいちあき》

ごろあわせ記念日

質屋《しちや》の日

たんじょう日

フェルディナント・フォン・ツェッペリン（軍人《ぐんじん》、発明家《はつめいか》・ドイツ・1838年）／**ジョン・ロックフェラー**（実業家《じつぎょうか》・アメリカ・1839年）／**山田美妙《やまだびみょう》**（作家・1868年）

たんじょう花と花ことば

グァバ／強健《きょうけん》

9日

後楽園《こうらくえん》ゆうえんちオープン　一九五五年のこの日、東京の水道橋《すいどうばし》にオープンしたよ。目玉《めだま》は日本ではじめてのジェットコースター。時速《じそく》は最高《さいこう》五十五キロメートル、全長《ぜんちょう》は一五〇〇メートル！

核兵器《かくへいき》による人類絶滅《じんるいぜつめつ》の危機《きき》をうったえる　イギリスの哲学者《てつがくしゃ》ラッセルらが、一九五五年のこの日、核兵器をなくすことをうったえた。

たんじょう日

アン・ラドクリフ（作家・イギリス・1764年）／**朝比奈隆《あさひなたかし》**（指揮者《しきしゃ》・1908年）／**デイビッド・ホックニー**（画家・イギリス・1937年）

忌日　**森鴎外《もりおうがい》**

たんじょう花と花ことば

ツキヌキニンドウ／愛《あい》のきずな

10日

伊能忠敬《いのうただたか》『大日本沿海輿地全図《だいにほんえんかいよちぜんず》』を幕府《ばくふ》に献上《けんじょう》　一八二一年のこの日、日本ではじめて国の全体像《ぜんたいぞう》をしめした地図が幕府に献上されたよ。伊能忠敬が十七年かけて日本中を歩き、測量《そくりょう》してつくった精密《せいみつ》な地図だった。献上の三年前に忠敬は亡《な》くなっていたので、その後は弟子《でし》たちが完成《かんせい》させたんだ。

測量《そくりょう》の道具《どうぐ》をもつ伊能忠敬《いのうただたか》

ごろあわせ記念日

納豆《なっとう》の日

たんじょう日

ジャコブ・カミーユ・ピサロ（画家・フランス・1830年）／**マルセル・プルースト**（作家・フランス・1871年）／**アリス・マンロー**（作家・カナダ・1931年）

たんじょう花と花ことば

ラベンダー／疑惑《ぎわく》

11日

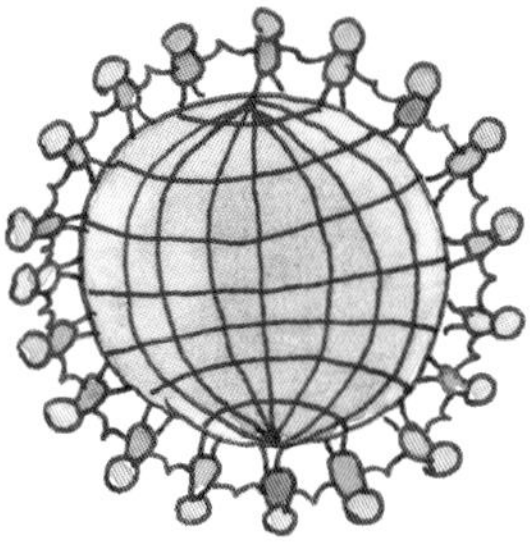

世界人口《せかいじんこう》デー　一九八七年、世界の人口が五十億人《おくにん》をこえたことにちなんでもうけられた国際《こくさい》デー。人口問題《じんこうもんだい》への関心《かんしん》を喚起《かんき》するための日なんだ。『世界人口推計《せかいじんこうすいけい》二〇一九年版《ねんばん》』によると、世界の総人口《そうじんこう》は、二〇五〇年に約《やく》九十七億人、今世紀末《こんせいきまつ》ごろに約一一〇億人に達《たっ》する可能性《かのうせい》がある。

たんじょう日

カール・シュミット（法学者《ほうがくしゃ》・ドイツ・1888年）／**ジョルジオ・アルマーニ**（ファッションデザイナー・イタリア・1934年）

たんじょう花と花ことば

フクシア／交友《こうゆう》

12日

ラジオ本放送《ほんほうそう》の日　一九二五年のこの日、港区《みなとく》愛宕山《あたごやま》の東京放送局《とうきょうほうそうきょく》（いまのＮＨＫ《エヌエイチケー》）から、ラジオの本放送が開始《かいし》されたんだ。その第一声《だいいっせい》は、「ＪＯＡＫ《ジェイオーエーケー》、ＪＯＡＫ、こちらは東京放送局であります」。「ＪＯＡＫ」とは、無線局《むせんきょく》を識別《しきべつ》するための東京放送局のコールサインだよ。

➡ 2 13、3 22、4 21

たんじょう日

ガイウス・ユリウス・カエサル（政治家《せいじか》、軍人《ぐんじん》・古代《こだい》ローマ・紀元前《きげんぜん》100年）／**ヘンリー・ソロー**（作家・アメリカ・1817年）／**マララ・ユスフザイ**（人権活動家《じんけんかつどうか》・パキスタン・1997年）

たんじょう花と花ことば

ゼニアオイ／恩恵《おんけい》

13日

日本標準時《にほんひょうじゅんじ》きまる　東経《とうけい》一三五度《ど》の子午線《しごせん》の時刻《じこく》を日本標準時とさだめたのは、一八八六年のこの日のことだったんだ。この子午線は兵庫県《ひょうごけん》の明《あか》石市《しし》にあたるよ。ここを太陽《たいよう》が通過《つうか》するときが、日本では昼の十二時だ。

第《だい》一回《かい》サッカーワールドカップ　一九三〇年のこの日、サッカーワールドカップの第一回ウルグアイ大会がはじまった。参加《さんか》したのは十三か国。

たんじょう日

青木繁《あおきしげる》（洋画家《ようがか》・1882年）／**マーシャ・ブラウン**（絵本作家・アメリカ・1918年）／**堺屋太一《さかいやたいち》**（評論家《ひょうろんか》、作家・1935年）

たんじょう花と花ことば

ヘビイチゴ／**可憐《かれん》**

14日

パリ祭《さい》　フランス革命記念日《かくめいきねんび》。一七八九年のこの日、パリ市民《しみん》が立ちあがり、バスティーユ監獄《かんごく》を襲撃《しゅうげき》してフランス革命《かくめい》がはじまったよ。

ひまわりの日　一九七七年のこの日、日本ではじめての静止気象衛《せいしきしょうえい》星《せい》「ひまわり一号《ごう》」（➡5/10）の打《う》ちあげに成功《せいこう》したよ。いまは九号が打ちあげられて、気象《きしょう》データをおくってきてくれているんだ。

パリのシンボル
エッフェル塔《とう》

たんじょう日

緒方洪庵《おがたこうあん》（医師《いし》、蘭学者《らんがくしゃ》・1810年）／**里見弴《さとみとん》**（作家・1888年）／**イングマール・ベルイマン**（映画監督《えいがかんとく》・スウェーデン・1918年）

たんじょう花と花ことば

ブッドレア／**魅力《みりょく》**

15日

ロゼッタ
ストーン

ロゼッタストーンを発見《はっけん》　一七九九年のこの日に、ナポレオンのエジプト遠征《えんせい》隊《たい》が発見。解読《かいどく》した結果《けっか》、紀元前《きげんぜん》一九六年ごろの石碑《せきひ》の一部で、三種《しゅ》の文字がきざまれていたことから、古代《こだい》エジプト文字を解読するきっかけとなった。

宝塚歌劇団《たからづかかげきだん》はじまる　阪急電鉄《はんきゅうでんてつ》の創設者《そうせつしゃ》、小林一三《こばやしいちぞう》が日本初《にほんはつ》の女性《じょせい》だけの歌劇団、宝塚唱歌隊《たからづかしょうかたい》をつくったよ。一九一三年のこの日のこと。いまの宝塚歌劇団。

たんじょう日

レンブラント・ファン・レイン（画家・オランダ・1606年）／**国木田独歩《くにきだどっぽ》**（作家・1871年）

たんじょう花と花ことば

ノウゼンカズラ／**名誉《めいよ》**

16日

駅弁発売《えきべんはつばい》　一八八五年のこの日、日本初の駅弁《えきべん》が栃木県《とちぎけん》の宇都宮駅《うつのみやえき》で売りだされたよ。ひとつ五銭《せん》で、中身《なかみ》は梅干《うめぼ》しおにぎり二個《こ》とたくあん二切れだったんだって。

アメリカではじめての核実験《かくじっけん》　アメリカのニューメキシコ州《しゅう》のさばくで、一九四五年のこの日、世界《せかい》ではじめて原子爆弾《げんしばくだん》の実験《じっけん》がおこなわれたんだ。

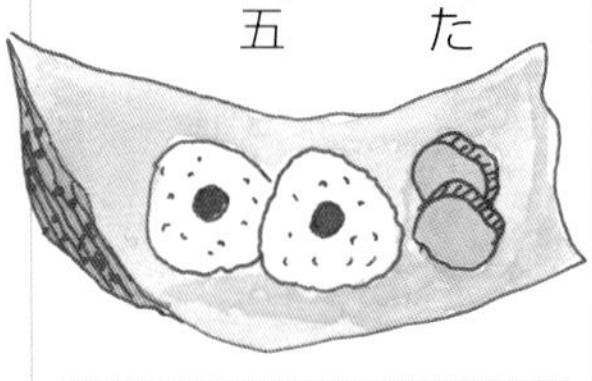

ごろあわせ記念日

虹《にじ》の日　なな（7）いろ（16）

たんじょう日

ロアルト・アムンセン（探検家《たんけんか》・ノルウェー・1872年）／**朝倉摂《あさくらせつ》**（舞《ぶ》台美術家《たいびじゅつか》・1922年）

たんじょう花と花ことば

ハマヒルガオ／**休息《きゅうそく》**

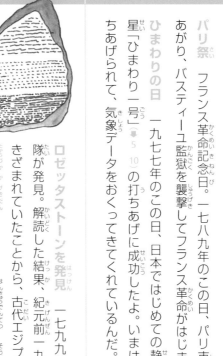

17日

江戸《えど》から東京へ　一八六八年のこの日、「江戸」が「東京」という名前にかわったよ。「東《ひがし》の京《きょう》（都《と》）」という意味《いみ》でつけられたのだそう。翌年《よくねん》、天皇《てんのう》が京都《きょうと》の御所《ごしょ》から東京の皇居《こうきょ》へ住《す》まいをうつし、東京が首都《しゅと》となったんだ。

たんじょう日
ジャン・コロー（画家・フランス・1796年）／**青島幸男《あおしまゆきお》**（作家、タレント、政治家《せいじか》・1932年）

たんじょう花と花ことば
ギボウシ／沈静《ちんせい》

18日

ネルソン・マンデラ国際《こくさい》デー　一九一八年のこの日は、南アフリカで反《はん》アパルトヘイト運動《うんどう》を主導《しゅどう》した、政治家《せいじか》で弁護士《べんごし》のネルソン・マンデラの誕生日《たんじょうび》。二十七年間投獄《とうごく》されながらも、悪政《あくせい》を終結《しゅうけつ》させて、ノーベル平和賞《へいわしょう》を受賞《じゅしょう》したよ。マンデラがたたかった六十七年を記念《きねん》して、この日はだれかのために「六十七分間」を使《つか》おうとよびかけられている。

5 9

ネルソン・マンデラ

たんじょう日
ロバート・フック（物理学者《ぶつりがくしゃ》・イギリス・1635年）／**ウィリアム・メイクピース・サッカレー**（作家・イギリス・1811年）／**川上貞奴《かわかみさだやっこ》**（俳優《はいゆう》・1871年）

たんじょう花と花ことば
マリーゴールド／勇者《ゆうしゃ》

19日

中山マサ

女性大臣《じょせいだいじん》の日　一九六〇年のこの日、初《はつ》の女性大臣として、中山マサが厚生大臣《こうせいだいじん》になったよ。中山マサは長崎市《ながさきし》うまれで、アメリカに留学後《りゅうがくご》、女学校などの教員《きょういん》をしていた。一九四七年、衆議院《しゅうぎいん》議員《ぎいん》に立候補《りっこうほ》して当選《とうせん》八回《かい》。六十九才で厚生大臣になり、母子家《ぼしか》庭《てい》への児童扶養手当《じどうふようてあて》を実現《じつげん》した。

たんじょう日
サミュエル・コルト（発明家《はつめいか》・アメリカ・1814年）／**エドガー・ドガ**（画家・フランス・1834年）／**ロサリン・ヤロー**（医学研究者《いがくけんきゅうしゃ》・アメリカ・1921年）／**藤井聡太《ふじいそうた》**（将棋棋士《しょうぎきし》・2002年）

たんじょう花と花ことば
ガマ／慈愛《じあい》

豆クイズ

ナポレオン隊《たい》がエジプトで発見《はっけん》したロゼッタストーンは、いまどこにある？

①エジプトに返した
②ナポレオンがフランスに持って帰ったまま
③イギリスの大英博物館に展示されている

答えは下にあるよ

答え：③ エジプト側《がわ》からは、返還《へんかん》をもとめる声があがっているよ

20日

月面着陸《げつめんちゃくりく》の日　一九六九年のこの日、アメリカの宇宙船《うちゅうせん》「アポロ十一号《ごう》」が月面に着陸したよ。アームストロング船長は月面におりたち、「ひとりの人間にとっては小さな一歩だが、人類《じんるい》にとっては偉大《いだい》な一歩だ」というメッセージを地球《ちきゅう》におくったんだ。打《う》ちあげから四日目の着陸だった。

たんじょう日

伊藤仁斎《いとうじんさい》（儒学者《じゅがくしゃ》·1627年）／**グレゴール・メンデル**（植物学者《しょくぶつがくしゃ》·オーストリア·1822年）／**エドモンド・ヒラリー**（登山家《とざんか》·ニュージーランド·1919年）／**山中恒《やまなかひさし》**（児童《じどう》文学作家《ぶんがくさっか》·1931年）

たんじょう花と花ことば

トルコギキョウ／よく語らい

21日

世界初《せかいはつ》の女性首相誕生《じょせいしゅしょうたんじょう》　セイロン（いまのスリランカ）でシリマボ・バンダラナイケが首相にえらばれたのは、一九六〇年のこの日のこと。

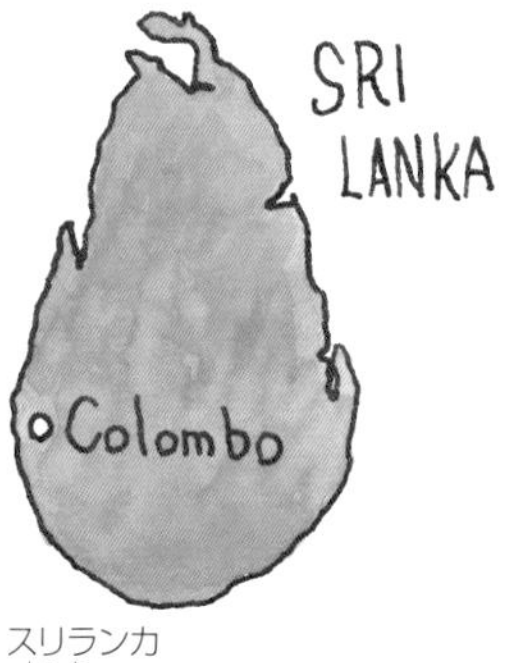

スリランカ
（首都《しゅと》はコロンボ）

たんじょう日

ジャン・ピカール（天文学者《てんもんがくしゃ》·フランス·1620年）／**アーネスト・ヘミングウェイ**（作家·アメリカ·1899年）／**マーシャル・マクルーハン**（社会学者《しゃかいがくしゃ》·カナダ·1911年）

たんじょう花と花ことば

ルドベキア／りっぱな

22日

フランシスコ·ザビエル

げたの日　げたの寸法《すんぽう》に「七寸七分《しちすんしちぶ》」と「七」の数字がよく使《つか》われることと、雪道にできるげたの両足のあとが「二·二」に見えることから。

フランシスコ・ザビエル鹿児島到着《かごしまとうちゃく》　スペインの宣教師《せんきょうし》フランシスコ・ザビエルが、一五四九年のこの日に、鹿児島へ到着したよ。すでにアジア各国《かっこく》で布教《ふきょう》をしたあと、日本へキリスト教《きょう》をつたえにきたんだ。

ごろあわせ記念日

ナッツの日

たんじょう日

六世野村万蔵《せいのむらまんぞう》（狂言師《きょうげんし》·1898年）／**安西水丸《あんざいみずまる》**（イラストレーター·1942年）

たんじょう花と花ことば

マツヨイグサ／気まぐれ

23日

ふみの日　七月の別名《べつめい》は「文月《ふみづき》」で、二十三を「ふみ」と読んで、「文月ふみの日」。毎年、ふみの日の記念切手《きねんきって》が発行《はっこう》され、手紙に親しんでもらおうと、さまざまなイベントがもよおされるよ。

たんじょう日

二宮尊徳《にのみやそんとく》（農政家《のうせいか》·1787年）／**レイモンド・チャンドラー**（作家·アメリカ·1888年）／**飯沢匡《いいざわただす》**（劇作家《げきさっか》·1909年）

たんじょう花と花ことば

ジンジャー／むだなこと

24日

豊臣秀吉《とよとみひでよし》にゾウがとどく　一五九七年のこの日、ルソン（いまのフィリピン）の総督《そうとく》の使者《ししゃ》が、生きたゾウをおみやげに、大坂《おおさか》（阪《さか》）をおとずれた。

四日市《よっかいち》ぜんそく訴訟《そしょう》　「四日市ぜんそく」訴訟で原告側《げんこくがわ》が勝訴《しょうそ》したよ。一九七二年のこの日のことだった。一九六七年に、四日市ぜんそくの患者《かんじゃ》九人が、四日市石油《よっかいちせきゆ》など六社を相手《あいて》に、公害裁判《こうがいさいばん》をおこしたんだ。

たんじょう日

ジーン・ウェブスター（作家・アメリカ・1876年）／**谷崎潤一郎《たにざきじゅんいちろう》**（作家・1886年）／**アメリア・イアハート**（飛行家《ひこうか》・アメリカ・1897年）

忌日《きにち》　**芥川龍之介《あくたがわりゅうのすけ》**（河童忌《かっぱき》）

たんじょう花と花ことば

スイレン／**清純《せいじゅん》な心**

25日

杉原千畝《すぎはらちうね》が「命《いのち》のビザ」を発給《はっきゅう》　一九四〇年のこの日、リトアニアの日本領事代理《にほんりょうじだいり》の杉原千畝は、ナチスの迫害《はくがい》から逃《のが》れ、オランダ領《りょう》に脱出《だっしゅつ》をのぞむユダヤ人に、外務省《がいむしょう》に反してビザを発給したんだ。このビザは、六〇〇〇人の命を救《すく》い、「命のビザ」とよばれているよ。

ビザのスタンプ

ごろあわせ記念日

かき氷《こおり》の日　な(7)つ(2)ご(5)おり

たんじょう日

小磯良平《こいそりょうへい》（洋画家《ようがか》・1903年）／**ロザリンド・フランクリン**（物理化学《ぶつりかがく》者《しゃ》・イギリス・1920年）

たんじょう花と花ことば

ムギワラギク／**永久《えいきゅう》に**

26日

降伏文書《こうふくぶんしょ》

ポツダム宣言発表《せんげんはっぴょう》の日　アメリカ、イギリス、中国の三首脳《しゅのう》（のちにソ連《れん》、いまのロシアも参加《さんか》）が、第《だい》二次世界大戦《じせかいたいせん》の日本の無条件降伏《むじょうけんこうふく》を勧告《かんこく》するポツダム宣言を発表したのは、一九四五年のこの日のことだ。これをすぐに受《う》けいれなかった日本は、八月になって広島《ひろしま》、長崎《ながさき》に原子爆弾《げんしばくだん》を落《お》とされ、受けいれる方向《ほうこう》にうごいたんだ。

ごろあわせ記念日

夏風呂《なつふろ》の日　な(7)つふ(2)ろ(6)

たんじょう日

バーナード・ショー（作家・イギリス・1856年）／**カール・ユング**（心理《しんり》学者《がくしゃ》・スイス・1875年）／**ポール・ギャリコ**（作家・アメリカ・1897年）

たんじょう花と花ことば

ステファノティス／**傾聴《けいちょう》する**

27日

世界初のジェット旅客機飛行《りょかくきひこう》　一九四九年のこの日、世界初のジェット旅客機、イギリスのコメットが初飛行《はつひこう》に成功《せいこう》したよ。一九五七年には、世界ではじめて北大西洋線《きたたいせいようせん》に就航《しゅうこう》したんだ。

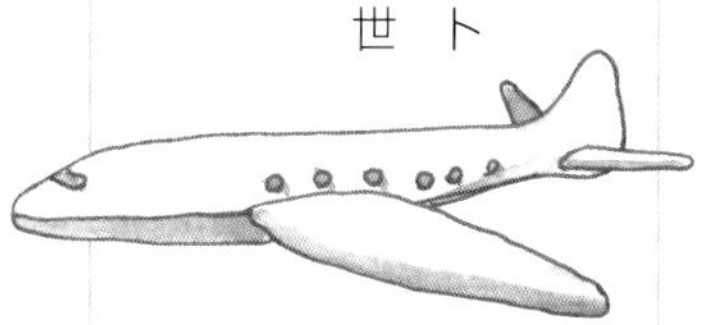

ごろあわせ記念日

スイカの日　たてじまもようを綱《つな》に見立てて、な(7)つのつ(2)な(7)

たんじょう日

田沼意次《たぬまおきつぐ》（老中《ろうじゅう》・1719年）／**アレクサンドル・デュマ・フィス**（劇作家、作家・フランス・1824年）／**山《やま》本有三《もとゆうぞう》**（作家・1887年）

たんじょう花と花ことば

フィソステギア／**充分《じゅうぶん》にのぞみを達《たっ》した**

28日

第一次《だいじ》世界大戦《せかいたいせん》の兵士《へいし》

第《だい》一次《じ》世界大戦《せかいたいせん》はじまる　一九一四年のこの日、第一次世界大戦がはじまった。発端《ほったん》はオーストリアからセルビアへの宣戦布告《せんせんふこく》。オーストリア側《がわ》の同盟国《どうめいこく》と、セルビア側の連合国《れんごうこく》、約《やく》三十か国以上《いじょう》をまきこんだ戦争《せんそう》になったよ。日本も連合国側として参戦《さんせん》した。

ごろあわせ記念日

菜《な》っ葉《ぱ》の日　な(7)っ(2)ぱ(8)

たんじょう日

ビアトリクス・ポター（絵本作家・イギリス・1866年）／**マルセル・デュシャン**（美術家《びじゅつか》・アメリカ・1887年）／**大瀧詠一《おおたきえいいち》**（音楽家・1948年）

忌日《きにち》　江戸川乱歩《えどがわらんぽ》

たんじょう花と花ことば

オシロイバナ／**臆病《おくびょう》**

29日

凱旋門完成《がいせんもんかんせい》　一八三六年のこの日、フランスのパリに凱旋門が完成したよ。凱旋門は、戦争の勝利《しょうり》を祝《いわ》うために街《まち》の道路《どうろ》にかかる、アーチ型《がた》の建物《たてもの》。ここを、勝利した王様《おうさま》が行進《こうしん》するんだ。フランスの皇帝《こうてい》ナポレオン一世《せい》の命令《めいれい》で一八〇六年に建設《けんせつ》がはじまったけど、完成まで三十年もかかり、ナポレオン自身《じしん》は通ることができなかったんだって。

凱旋門《がいせんもん》

たんじょう日

ウォルター・J・レッペ（化学者《かがくしゃ》・ドイツ・1892年）／**ダグ・ハマーショルド**（第《だい》二代国連事務総長《だいこくれんじむそうちょう》・スウェーデン・1905年）／**十七代目中村勘三郎《だいめなかむらかんざぶろう》**（歌舞伎役者《かぶきやくしゃ》・1909年）

たんじょう花と花ことば

ダリア／**華麗《かれい》**

30日

NASA《ナサ》設立《せつりつ》　アメリカの首都《しゅと》ワシントンD《ディー》.C《シー》.に、アメリカ航空宇宙局《こうくううちゅうきょく》（NASA）が設立されたのは、一九五八年のこの日のことだよ。前年の一九五七年には、ソ連《れん》（いまのロシア）がアメリカに先がけて、世界初《せかいはつ》の人工《じんこう》衛星《えいせい》「スプートニク」の打《う》ちあげに成功《せいこう》した。アメリカは、それに追《お》いつき追いこすために、宇宙開発事業《うちゅうかいはつじぎょう》に力をいれることにしたんだ。

たんじょう日

エミリー・ブロンテ（作家・イギリス・1818年）／**ヘンリー・フォード**（経営者《けいえいしゃ》・アメリカ・1863年）／**立原道造《たちはらみちぞう》**（詩人《しじん》、建築家《けんちくか》・1914年）

たんじょう花と花ことば

ニチニチソウ／**楽しい思い出**

31日

サン・テグジュペリが行方不明《ゆくえふめい》に　一九四四年のこの日、フランスの作家でパイロットのサン・テグジュペリの乗《の》った飛行機《ひこうき》が消息《しょうそく》をたったんだ。サン・テグジュペリは、『星の王子さま』の作者《さくしゃ》としてよく知られているね。

『星の王子さま』のイラスト

たんじょう日

ウィリアム・クラーク（教育者《きょういくしゃ》・アメリカ・1826年）／**柳田國男《やなぎだくにお》**（民俗学者《みんぞくがくしゃ》・1875年）／**ミルトン・フリードマン**（経済学者《けいざいがくしゃ》・アメリカ・1912年）

たんじょう花と花ことば

ヤナギラン／**集中《しゅうちゅう》する**

8月

葉《は》月《づき》

8月のたんじょう石：ペリドット

宝石《ほうせき》ことば：豊穣《ほうじょう》

8月の祝日《しゅくじつ》：山の日（11日）

8月の色：きみどり

1日

水の日　一年をとおして、水の使用量《しようりょう》がもっとも増《ふ》える八月。その八月さいしょのこの日は、水の日だ。かぎりある資源《しげん》を大切にしようとよびかけて、人びとの意識《いしき》を高める目的《もくてき》があるよ。八月一日から一週間は「水の週間」。

ごろあわせ記念日

はっぴの日 はっ(8)ぴ(1)／**やっぱり家の日**／や(8)っぱりい(1)えがいちばん

たんじょう日

ハーマン・メルビル(作家・アメリカ・1819年)／**會津八一《あいづやいち》**(歌人・1881年)／**室生犀星《むろうさいせい》**(詩人《しじん》、作家・1889年)／**宮本常一《みやもとつねいち》**(民俗学者《みんぞくがくしゃ》・1907年)

たんじょう花と花ことば

アサガオ／仮装《かそう》

2日

学制発布《がくせいはっぷ》　一八七二年のこの日、日本の学校制度《がっこうせいど》にかんするさいしょの基本法令《きほんほうれい》が発布《はっぷ》されたよ。これで近代的《きんだいてき》な学校制度ができて、日本国民《にほんこくみん》はみな学校へはいることになったんだ。小学校には六才で入学し、下等《かとう》小学《しょうがく》、上等小学《じょうとうしょうがく》、それぞれ四年間、あわせて八年間だった。

ごろあわせ記念日

パンツの日

たんじょう日

速水御舟《はやみぎょしゅう》(日本画家・1894年)／**木下順二《きのしたじゅんじ》**(劇作家《げきさっか》・1914年)／**イサベル・アジェンデ**(作家・チリ・1942年)

たんじょう花と花ことば

ノコギリソウ／たたかい

3日

大宝律令完成《たいほうりつりょうかんせい》　七〇一年のこの日、「大宝律令」が完成したよ。「律《りつ》」は刑《けい》法《ほう》、「令《りょう》」は行政法《ぎょうせいほう》、民法《みんぽう》、商法《しょうほう》。文武天皇《もんむてんのう》の命令《めいれい》でつくられた、日本ではじめての法律《ほうりつ》なんだ。完成まで二十年間もかかったそうだよ。これにより、日本は法律で秩序《ちつじょ》がまもられる国となったんだ。

ごろあわせ記念日

はちみつの日／ハサミの日

たんじょう日

伊達政宗《だてまさむね》(大名・1567年)／**徳川《とくがわ》家綱《いえつな》**(将軍《しょうぐん》・1641年)／**トニー・ベネット**(歌手・アメリカ・1926年)

たんじょう花と花ことば

センブリ／義侠《ぎきょう》の愛《あい》

4日

アンネ・フランク一家が連行《れんこう》される　第《だい》二次《じ》世界大戦中《せかいたいせんちゅう》、ユダヤ系《けい》ドイツ人のアンネ・フランクの一家八人は、ナチス・ドイツの迫害《はくがい》をのがれてオランダのかくれ家《が》でくらしていた。しかし、一九四四年のこの日、密告《みっこく》により強制収容所《きょうせいしゅうようじょ》に連行された。アンネが書いた日記はその後出版《ごしゅっぱん》され、世界中《せかいじゅう》で読みつがれている。

この建物《たてもの》の後ろの家の一部《いちぶ》にアンネ・フランクがかくれていた

ごろあわせ記念日

箸《はし》の日／橋《はし》の日

たんじょう日

吉田松陰《よしだしょういん》(思想家《しそうか》・1830年)／**ルイ・アームストロング**(音楽家・アメリカ・1901年)／**バラク・オバマ**(政治家《せいじか》・アメリカ・1961年)

たんじょう花と花ことば

トリトマ／恋《こい》するつらさ

5日

タクシーの日　一九一二年のこの日、日本ではじめてタクシーが東京の街《まち》を走ったよ。使《つか》われた車はフォードのT型《ティーがた》で、タクシー会社は六台の車で営業《えいぎょう》をはじめたんだ。

ごろあわせ記念日

ハコの日／**発酵《はっこう》の日**／**パン粉《こ》の日** パ(8)ン粉(5)／**みんなの親孝行《おやこうこう》の日** おや(8)こ(5)うこう

たんじょう日

玄宗《げんそう》（皇帝《こうてい》・中国・685年）／**ギ・ド・モーパッサン**（作家・フランス・1850年）／**ジョーン・ビーチャム・プロクター**（動物学者《どうぶつがくしゃ》・イギリス・1897年）／**壺井栄《つぼいさかえ》**（作家・1899年）

たんじょう花と花ことば

エリカ／**博愛《はくあい》**

6日

広島《ひろしま》に原爆投下《げんばくとうか》　一九四五年のこの日、アメリカ軍《ぐん》のB29《ビー》爆撃機《ばくげきき》「エノラ・ゲイ」により、広島市《ひろしまし》に人類史上《じんるいしじょう》はじめての原子爆弾《げんしばくだん》が投下された。一瞬《いっしゅん》にして市街地《しがいち》はほぼ焼《や》きつくされ、十四万人以上《いじょう》の命《いのち》がうばわれた。毎年この日は、犠《ぎ》牲者《せいしゃ》をいたみ、平和《へいわ》をいのる式典《しきてん》がおこなわれている。

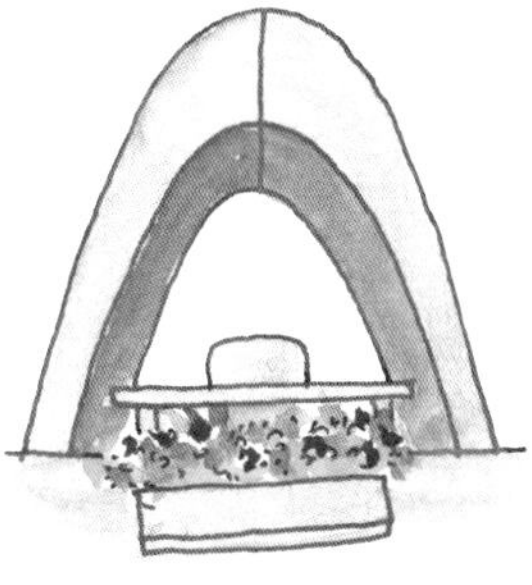

原爆死没者慰霊碑《げんばくしぼつしゃいれいひ》

ごろあわせ記念日

ハムの日

たんじょう日

アレクサンダー・フレミング（細菌学者《さいきんがくしゃ》・イギリス・1881年）／**長与善郎《ながよよしろう》**（作家・1888年）／**アンディ・ウォーホル**（美術家《びじゅつか》・アメリカ・1928年）

たんじょう花と花ことば

ヒャクニチソウ／**幸福《こうふく》**

7日

丹波竜《たんばりゅう》の化石発見《かせきはっけん》　二〇〇六年のこの日、兵庫県丹波市《ひょうごけんたんばし》で恐竜《きょうりゅう》の化石がみつかったよ。発見された地名から「丹波竜」と名づけられたんだ。長い首《くび》と尾《お》が特徴《とくちょう》の、とても体の大きな植物食恐竜《しょくぶつしょくきょうりゅう》だよ。正式《せいしき》な名前《なまえ》は「タンバティタニス・アミキティアエ」だ。

ごろあわせ記念日

鼻《はな》の日／**バナナの日**

たんじょう日

塚本邦雄《つかもとくにお》（歌人・1920年）／**司馬遼太郎《しばりょうたろう》**（作家・1923年）／**アベベ・ビキラ**（マラソン選手《せんしゅ》・エチオピア・1932年）

たんじょう花と花ことば

トウモロコシ／**財宝《ざいほう》**

8日

ASEAN《アセアン》結成《けっせい》　東南アジア諸国連合《しょこくれんごう》（ASEAN）が発足《ほっそく》したのは、一九六七年のこの日。さいしょに加盟《かめい》したのはフィリピン、マレーシア、インドネシア、タイ、シンガポールの五か国※。地域《ちいき》の経済成長《けいざいせいちょう》と社会・文化《ぶんか》の発展《はってん》、諸問題《しょもんだい》の解決《かいけつ》が目的《もくてき》だよ。

※現在《げんざい》はブルネイ、ベトナム、ミャンマー、ラオス、カンボジアもくわわり、十か国が加盟。

ASEAN《アセアン》のはた

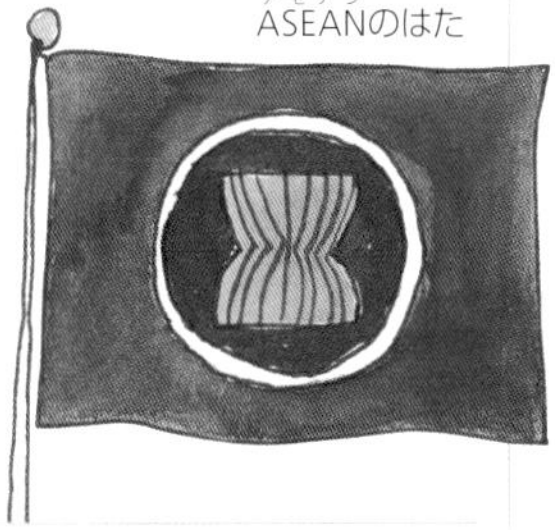

ごろあわせ記念日

そろばんの日 そろばんをはじくパチ(8)パチ(8)／**笑《わら》いの日** ハ(8)ハ(8)ハ

たんじょう日

新渡戸稲造《にとべいなぞう》（教育者《きょういくしゃ》・1862年）／**エミリアーノ・サパタ**（革命家《かくめいか》・メキシコ・1879年）／**ビクター・ヤング**（作曲家《さっきょくか》・アメリカ・1899年）

たんじょう花と花ことば

クレオメ／**あなたの容姿《ようし》に酔《よ》う**

9日

ながさき平和《へいわ》の日／長崎原爆忌《ながさきげんばくき》　一九四五年のこの日、広島《ひろしま》につづいて長崎に、アメリカ軍《ぐん》のB《ビー》29爆撃機《ばくげきき》「ボックスカー」によって原子《げんし》爆弾《ばくだん》が落《お》とされたんだ。これによって、七万人をこす人が亡《な》くなった。アメリカ軍の当初《とうしょ》の原爆投下《げんばくとうか》目標《もくひょう》は北九州《きたきゅうしゅう》の小倉《こくら》だったが、上空がきりとかすみにおおわれていたため、長崎に変更《へんこう》された。

ごろあわせ記念日

野球《やきゅう》の日

たんじょう日

源　実朝《みなもとのさねとも》（将軍《しょうぐん》・1192年）／**田中《たなか》千代《ちよ》**（教育者《きょういくしゃ》、ファッションデザイナー・1906年）／**トーベ・ヤンソン**（作家・フィンランド・1914年）

たんじょう花と花ことば

キョウチクトウ／用心

10日

道の日　一九二〇年のこの日、日本ではじめて道路《どうろ》整備《せいび》計画《けいかく》がおこなわれたよ。道の大切さを考える日として、一九八六年に建設《けんせつ》省《しょう》（いまの国土交通省《こくどこうつうしょう》）が制定《せいてい》したんだ。

ごろあわせ記念日

帽子《ぼうし》の日 ハッ(8)ト(10)

たんじょう日

徳川頼房《とくがわよりふさ》（大名・1603年）／**大久保利通《おおくぼとしみち》**（政治家《せいじか》・1830年）／**フランク・マーシャル**（チェスプレーヤー・アメリカ・1877年）

たんじょう花と花ことば

ネムノキ／歓喜《かんき》

11日

前畑秀子《まえはたひでこ》

山の日　国民《こくみん》の祝日《しゅくじつ》。夏山シーズンだ、山に登《のぼ》ろう。

ベルリンオリンピックで前畑秀子《まえはたひでこ》金メダル　一九三六年のこの日、前畑秀子が女子二〇〇メートル平泳《ひらおよ》ぎ決勝《けっしょう》で、三分《ぷん》三秒《びょう》六の記録《きろく》をだし、日本人女性《にっぽんじんじょせい》ではじめての金メダルを獲得《かくとく》したよ。「前畑がんばれ！」のラジオ実況放送《じっきょうほうそう》は、日本中をわかせたんだ。

たんじょう日

宝井其角《たからいきかく》（俳人《はいじん》・1661年）／**クリスティアーン・エイクマン**（医師《いし》・オランダ・1858年）／**吉川英治《よしかわえいじ》**（作家・1892年）

忌日《きにち》 三遊亭圓朝《さんゆうていえんちょう》

たんじょう花と花ことば

ルコウソウ／つねに愛《あい》らしい

12日

航空安全《こうくうあんぜん》の日／茜雲忌《あかねぐもき》　一九八五年のこの日、羽田空港発《はねだくうこうはつ》、伊丹《いたみ》空港《くうこう》行《い》きの日航《にっこう》ジャンボ機《き》一二三便《びん》が群馬県《ぐんまけん》の御巣鷹山《おすたかやま》に墜落《ついらく》した。乗員乗客《じょういんじょうきゃく》五二〇名が死亡《しぼう》、四名が救出《きゅうしゅつ》された。この日には毎年、御巣鷹山の墜落現場《ついらくげんば》で慰霊《いれい》の会があるんだ。

御巣鷹山《おすたかやま》の慰霊碑《いれいひ》

たんじょう日

エルビン・シュレーディンガー（物理学者《ぶつりがくしゃ》・オーストリア・1887年）／**淡谷《あわや》のり子《こ》**（歌手・1907年）

たんじょう花と花ことば

ハイビスカス／つねに新しい日

13日

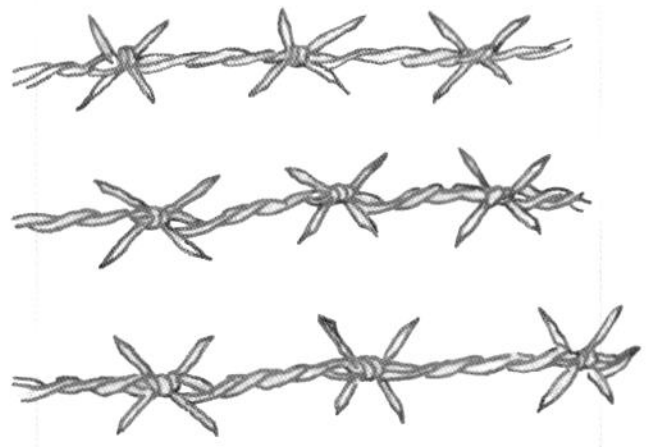

ベルリンの壁《かべ》の建設《けんせつ》はじまる　第《だい》二次《じ》世界大戦後《せかいたいせんご》、ドイツは東西にわけられた。両国《りょうこく》はしだいに対立《たいりつ》するようになり、一九六一年のこの日、東ドイツ政府《せいふ》が、東西ベルリンのあいだに有刺鉄線《ゆうしてっせん》を張《は》ったんだ。これがベルリンの壁の建設のはじまりとなったよ。

➡5/23、10/3、11/9

たんじょう日
アルフレッド・ヒッチコック（映画監《えいがかん》督《とく》・アメリカ・1899年）／古川緑《ふるかわろっ》波《ぱ》（俳優《はいゆう》・1903年）／フィデル・カストロ（革命家《かくめいか》、政治家・キューバ・1926年）

忌日 フローレンス・ナイチンゲール

たんじょう花と花ことば
サギソウ／発展《はってん》

14日

専売特許《せんばいとっきょ》の日　一八八五年のこの日、「さびどめ塗料《とりょう》とそのぬり方」が特許第《とっきょだい》一号《ごう》に認定《にんてい》されたよ。出願《しゅつがん》したのは、彫刻家《ちょうこくか》で漆工芸家《うるしこうげいか》の堀田瑞松《ほったずいしょう》。このさびどめ剤《ざい》は、漆《うるし》、柿渋《かきしぶ》、しょうがなど国産《こくさん》原料《げんりょう》でつくられていたんだ。

➡4/18

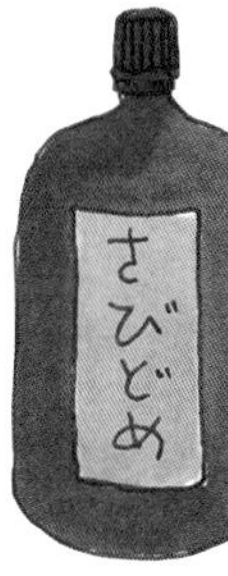

たんじょう日
アーネスト・シートン（博物学《はくぶつがく》者《しゃ》・アメリカ・1860年）／ディミトリー・メレシュコフスキー（詩人《しじん》、思想家《しそうか》・ロシア・1866年）／荒畑《あらはた》寒村《かんそん》（社会運動家《しゃかいうんどうか》・1887年）／広《ひろ》瀬秀雄《せひでお》（天文学者《てんもんがくしゃ》・1909年）

たんじょう花と花ことば
センニチコウ／不朽《ふきゅう》

15日

WAR IS OVER《ウォー イズ オーバー》=戦争《せんそう》はおわった

終戦《しゅうせん》（敗戦《はいせん》）記念日《きねんび》　一九四五年のこの日、第二次世界大戦がおわったんだ。日本では正午にラジオで昭和天皇《しょうわてんのう》の玉音放送《ぎょくおんほうそう》が流《なが》れ、国民《こくみん》に終戦を知らせたよ。

光復節《こうふくせつ》　一九四五年のこの日に、朝鮮《ちょうせん》が日本の統治《とうち》から解放《かいほう》されたことを記念《きねん》する日だよ。韓国《かんこく》の祝日《しゅくじつ》。

たんじょう日
山東京伝《さんとうきょうでん》（絵師《えし》、作家・1761年）／ナポレオン・ボナパルト（皇帝《こうてい》・フランス・1769年）

たんじょう花と花ことば
オクラ／恋《こい》によって身《み》が細《ほそ》る

豆クイズ

盆《ぼん》ちょうちんは、なんのためのもの？

① お盆のあいだの照明器具
② 先祖《せんぞ》の霊《れい》の案内《あんない》のため
③ 仏様に見てもらうため

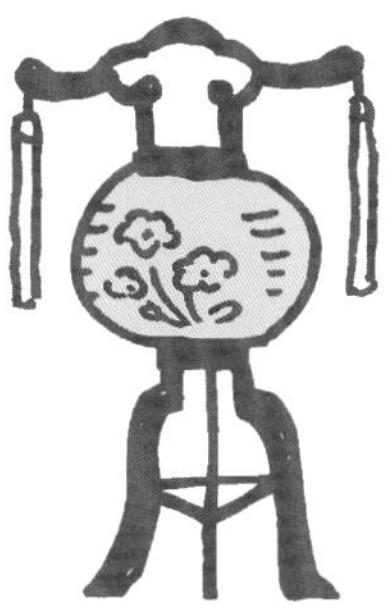

答えは下にあるよ

答え：② 先祖《せんぞ》の霊《れい》が家に帰ってくるときの目印《めじるし》にするためだよ

16日

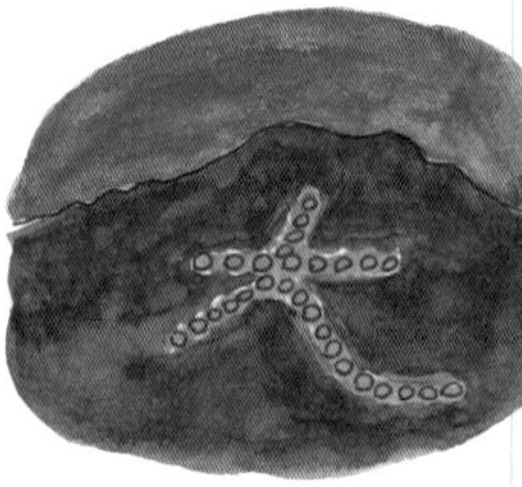

大文字焼き《だいもんじや》　毎年、この日の午後八時ごろ、京都《きょうと》をかこむ山やまに、火でえがいた「大」などの文字がうかぶよ。これは、お盆《ぼん》のあいだ、あの世から帰ってきていた先祖《せんぞ》の霊《れい》をおくるための火だ。京都だけでなく、各地《かくち》でもおこなわれているよ。

たんじょう日

鈴木信太郎《すずきしんたろう》（洋画家《ようがか》・1895年）／**ビル・エバンス**（ジャズピアニスト・アメリカ・1929年）

忌日《きにち》　**エルビス・プレスリー**／**ベイブ・ルース**

たんじょう花と花ことば

ブーゲンビレア／情熱《じょうねつ》

17日

プロ野球《やきゅう》ナイターはじまる　一九四八年のこの日、プロ野《や》球《きゅう》初《はつ》のナイターがおこなわれたよ。場所《ばしょ》は横浜《よこはま》ゲーリック球場《きゅうじょう》（いまの横浜スタジアム）、カードは巨人《きょじん》対《たい》中部《ちゅうぶ》（いまの中日《ちゅうにち》）。「ナイター」は日本でつくられたことば。英語《えいご》では「ナイト・ゲーム」というよ。

ごろあわせ記念日

パイナップルの日　パ（8）イ（1）ナ（7）ップル

たんじょう日

デイビッド・クロケット（軍人《ぐんじん》・アメリカ・1786年）／**柳原良平《やなぎはらりょうへい》**（イラストレーター・1931年）／**マーガレット・ハミルトン**（コンピュータ科学者《かがくしゃ》・アメリカ・1936年）

たんじょう花と花ことば

コマツナギ／希望《きぼう》をかなえる

18日

高校野球《こうこうやきゅう》はじまる　一九一五年のこの日、大阪《おおさか》の豊中球場《とよなかきゅうじょう》で第《だい》一回《かい》全国《ぜんこく》中等学校《ちゅうとうがっこう》優勝《ゆうしょう》野球《やきゅう》大会《たいかい》が開会したよ。参加《さんか》したのはぜんぶで十校。決勝戦《けっしょうせん》は、京都《きょうと》第《だい》二中学校《ちゅうがっこう》対《たい》秋田《あきた》中学《ちゅうがく》で、二対《たい》一で京都二中が優勝《ゆうしょう》したんだ。第十回から会場が兵庫県《ひょうごけん》の甲子園球場《こうしえんきゅうじょう》になって、一九四八年からは全国《ぜんこく》高校《こうこう》野球《やきゅう》選手権《せんしゅけん》大会《たいかい》となったよ。

たんじょう日

最澄《さいちょう》（僧侶《そうりょ》・767年?）／**城山三郎《しろやまさぶろう》**（作家・1927年）

忌日　**豊臣秀吉《とよとみひでよし》**（太閤忌《たいこうき》）

たんじょう花と花ことば

ムラサキオモト／旅行《りょこう》

19日

世界人道《せかいじんどう》デー　二〇〇三年のこの日、イラクのバグダッドにある国連《こくれん》事務所《じむしょ》本部《ほんぶ》が爆撃《ばくげき》をうけた。犠牲《ぎせい》になったのは、二十二人の支援《しえん》関係者《かんけいしゃ》。負傷者《ふしょうしゃ》も一〇〇人以上《いじょう》。これをきっかけに、紛争《ふんそう》や自然《しぜん》災害《さいがい》などで支援《しえん》を必要《ひつよう》とする人びとと、支援にたずさわる人びとに思いをよせるための国際《こくさい》デーとなったよ。

ごろあわせ記念日

バイクの日／**俳句《はいく》の日**

たんじょう日

オービル・ライト（発明家《はつめいか》・アメリカ・1871年）／**ココ・シャネル**（ファッションデザイナー・フランス・1883年）／**ビル・クリントン**（政治家《せいじか》・アメリカ・1946年）

たんじょう花と花ことば

キュウリ／しゃれ

20日

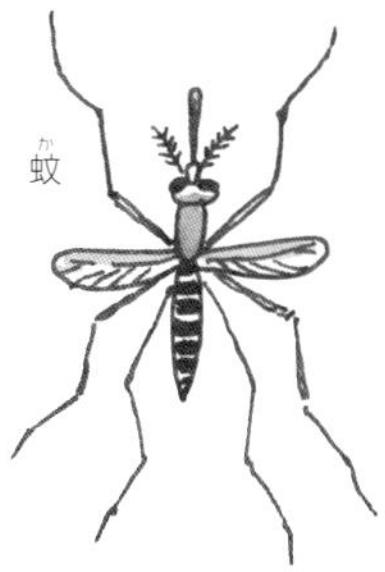

蚊《か》の日　一八九七年のこの日、イギリスの細菌学者《さいきんがくしゃ》ロナルド・ロスが、ハマダラカの体のなかからマラリアの原虫を発見《はっけん》したんだ。これにちなんで、イギリスでもうけられた日だよ。

たんじょう日

高杉晋作《たかすぎしんさく》（政治家《せいじか》・1839年）／**成《なる》瀬巳喜男《せみきお》**（映画監督《えいがかんとく》・1905年）／**灰田勝彦《はいだかつひこ》**（歌手・1911年）

忌日　**藤原定家《ふじわらのさだいえ》**

たんじょう花と花ことば

マリーゴールド／予言《よげん》

21日

会津地方《あいづちほう》で大地震発生《おおじしんはっせい》　会津地方を中心に、推定《すいてい》マグニチュード六・九の大地震がおきたのは、一六一一年のこの日。山がくずれ、川がせきとめられて新たに湖《みずうみ》ができたよ。この湖に、多くの集落《しゅうらく》が水没《すいぼつ》したんだ。

献血《けんけつ》の日　一九六四年のこの日、輸血用血液《ゆけつようけつえき》は献血で集《あつ》めることになった。それまでおこなわれていた売血《ばいけつ》は廃止《はいし》されたよ。

A型《エーがた》のけんけつちゃん

たんじょう日

オーブリー・ビアズレイ（画家・イギリス・1872年）／**木村荘八《きむらしょうはち》**（洋画家・1893年）／**遠山啓《とおやまひらく》**（数学者《すうがくしゃ》・1909年）

たんじょう花と花ことば

トケイソウ／聖《せい》なる愛《あい》

22日

チンチン電車の日　一九〇三年のこの日、東京初《とうきょうはつ》の路面電車《ろめんでんしゃ》が開通《かいつう》したよ。新橋《しんばし》と品川《しながわ》をむすぶ路線《ろせん》だったんだ。これをきっかけに、それまでの馬車鉄道《ばしゃてつどう》にかわって、あちこちに路面電車がしかれていったそう。車掌《しゃしょう》がかねをならして合図することから「チンチン電車」とよばれたよ。

たんじょう日

足利義満《あしかがよしみつ》（将軍《しょうぐん》・1358年）／**辰野金吾《たつのきんご》**（建築家《けんちくか》・1854年）／**クロード・ドビュッシー**（作曲家《さっきょくか》・フランス・1862年）／**出光佐三《いでみつさぞう》**（実業家《じつぎょうか》・1885年）／**アンリ・カルティエ・ブレッソン**（写真家《しゃしんか》・フランス・1908年）

忌日　**島崎藤村《しまざきとうそん》**

たんじょう花と花ことば

アガパンサス／恋《こい》のおとずれ

23日

奴隷貿易《どれいぼうえき》とその廃止《はいし》を記念《きねん》する国際《こくさい》デー　一七九一年八月二十二日の夜から二十三日にかけて、ハイチ革命《かくめい》がはじまった。この革命が、大西洋《たいせいよう》奴隷貿易《どれいぼうえき》廃《はい》止《し》の重要《じゅうよう》なきっかけとなったんだ。この日は、奴隷貿易の悲劇《ひげき》を記憶《きおく》にきざむ記念の日となり、毎年各地でイベントがもよおされるよ。

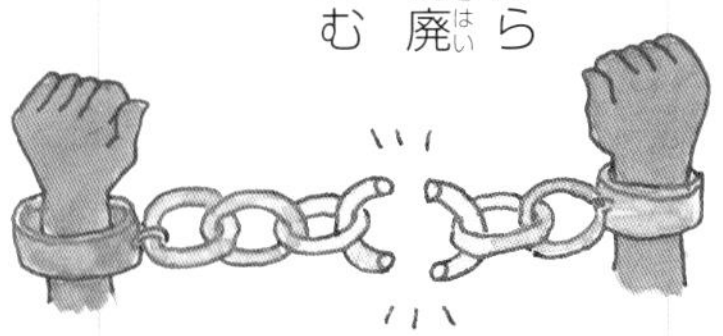

たんじょう日

三好達治《みよしたつじ》（詩人《しじん》・1900年）／**鮎《あゆ》川信夫《かわのぶお》**（詩人・1920年）／**ディック・ブルーナ**（絵本作家・オランダ・1927年）

忌日　**一遍上人《いっぺんしょうにん》**

たんじょう花と花ことば

ゲッカビジン／はかない美《び》

24日

ポンペイの遺跡《いせき》から
発掘《はっくつ》されたつぼ

ポンペイ最後《さいご》の日　七九年のこの日、イタリアのベスビオ火山が大噴火《だいふんか》し、火山灰《かざんばい》でふもとの街《まち》ポンペイがうもれてしまったんだ。その後《ご》、十六世紀《せいき》になってから、ぐうぜん遺跡《いせき》が発見《はっけん》されたよ。十八世紀から発掘《はっくつ》がはじまり、当時の街のようすがそのまま のこっていることがわかった。

ごろあわせ記念日

歯《は》ブラシの日　歯(8)ブ(2)ラシ(4)

たんじょう日

平田篤胤《ひらたあつたね》（国学者《こくがくしゃ》・1776年）／**滝廉太郎《たきれんたろう》**（作曲家《さっきょくか》・1879年）／**若山牧水《わかやまぼくすい》**（歌人・1885年）

たんじょう花と花ことば

オイランソウ／同意《どうい》

25日

北里柴三郎《きたさとしばさぶろう》がペスト菌《きん》を発見《はっけん》　一八九四年のこの日、細菌学者《さいきんがくしゃ》の北里柴三郎が発見したペスト菌についての論文《ろんぶん》が医学雑誌《いがくざっし》にのったよ。当時、ペストは死亡率《しぼうりつ》の高い伝染病《でんせんびょう》で、予防《よぼう》もできず、おそれられていたんだ。⇩11/30

即席《そくせき》ラーメン発売《はつばい》　一九五八年のこの日、世界初《せかいはつ》のインスタントラーメンが発売されたよ。安藤百福《あんどうももふく》が創業《そうぎょう》した日清食品《にっしんしょくひん》の「チキンラーメン」だ。

たんじょう日

榎本武揚《えのもとたけあき》（政治家《せいじか》・1836年）／**福田恆存《ふくだつねあり》**（評論家《ひょうろんか》・1912年）／**レナード・バーンスタイン**（作曲家・アメリカ・1918年）

たんじょう花と花ことば

ヒオウギ／誠実《せいじつ》

26日

ナミビアの国旗《こっき》

人権宣言採択《じんけんせんげんさいたく》　一七八九年のこの日、フランスで、人間の自由と平等《びょうどう》、主権在民《しゅけんざいみん》などを約束《やくそく》した「人間と市民《しみん》の権利《けんり》の宣言《せんげん》」が採択された。この宣言は、アメリカ独立宣言《どくりつせんげん》（⇩7/4）にならってつくられたものだそうだ。

ナミビアの日　「南西アフリカ」という名前で南アフリカに支配《しはい》されていたナミビアで、一九六六年のこの日、解放闘争《かいほうとうそう》がはじまった。

たんじょう日

アントワーヌ・ラボアジェ（化学者《かがくしゃ》・フランス・1743年）／**キャサリン・ジョンソン**（数学者《すうがくしゃ》・アメリカ・1918年）／**いがらしゆみこ**（まんが家・1950年）

たんじょう花と花ことば

ヘチマ／ひょうきんな

27日

世界初の水素《すいそ》の気球実験《ききゅうじっけん》に成功《せいこう》　フランスの物理学者《ぶつりがくしゃ》ジャック・シャルルがパリで、初の水素ガスを使《つか》った気球の実験に成功したよ。一七八三年のこの日のことだ。気球はシャン・ド・マルス公園を出発《しゅっぱつ》し、翌日《よくじつ》にかけて約《やく》二十キロメートル先のゴネスまで飛《と》んだんだ。⇩11/21

たんじょう日

内藤湖南《ないとうこなん》（東洋学者《とうようがくしゃ》・1866年）／**マン・レイ**（画家、写真家《しゃしんか》・アメリカ・1890年）／**宮沢賢治《みやざわけんじ》**（詩人《しじん》、童話《どうわ》作家《さっか》・1896年）／**マザー・テレサ**（修道士《しゅうどうし》・インド・1910年）

忌日《きにち》　**貝原益軒《かいばらえきけん》**

たんじょう花と花ことば

ホオズキ／いつわり

28日

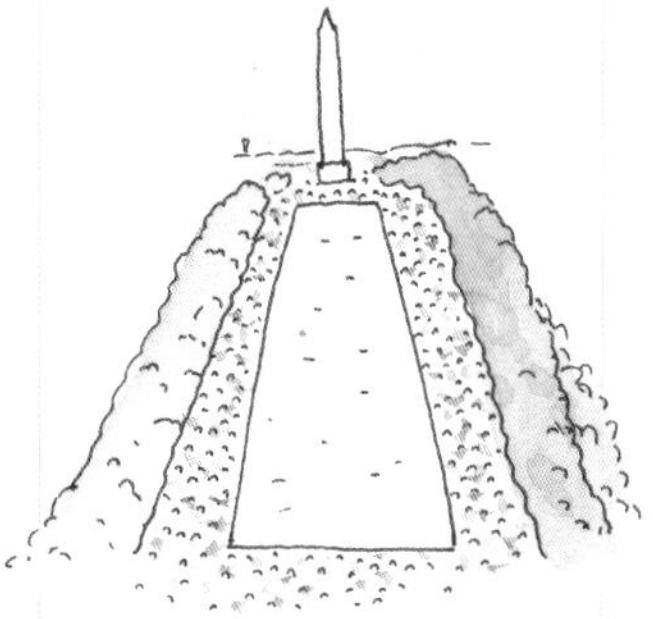

ワシントン記念塔《きねんとう》

ワシントン大行進《だいこうしん》　一九六三年のこの日、アメリカのワシントンで人種差別撤廃《じんしゅさべつてっぱい》をもとめる大規模《だいきぼ》な市民集会《しみんしゅうかい》があったよ。ここで、公民権運動《こうみんけんうんどう》の指導者《しどうしゃ》だったマーチン・ルーサー・キング・ジュニア牧師《ぼくし》（➡4／4）が「I《アイ》 have《ハブ》 a《ア》 dream《ドリーム》.（わたしには夢《ゆめ》がある）」のフレーズをくりかえす感動的《かんどうてき》な演説《えんぜつ》をおこなったんだ。

たんじょう日

ヨハン・ウォルフガング・ゲーテ（作家、詩人・ドイツ・1749年）／**カール・ベーム**（指揮者《しきしゃ》・オーストリア・1894年）

たんじょう花と花ことば

キキョウ／かわらぬ愛《あい》

29日

スロバキア国民蜂起《こくみんほうき》の日　一九四四年のこの日に、スロバキア民衆《みんしゅう》がナチス・ドイツの支配《しはい》にたいして蜂起（反乱《はんらん》）したことを記念《きねん》する日だよ。

核実験《かくじっけん》に反対《はんたい》する国際《こくさい》デー　核実験廃止《かくじっけんはいし》と核兵器廃絶《かくへいきはいぜつ》の、啓発活動《けいはつかつどう》をおこなうための記念日《きねんび》。一九九一年のこの日に、ソ連《れん》（いまのロシア）のセミパラチンスク核実験場《かくじっけんじょう》が閉鎖《へいさ》されたことに由来《ゆらい》する国際デーなんだ。

核《かく》に反対《はんたい》する
マーク

ごろあわせ記念日

焼《や》き肉《にく》の日

たんじょう日

ドミニク・アングル（画家・フランス・1780年）／**モーリス・メーテルリンク**（作家・ベルギー・1862年）／**山下新太郎《やましたしんたろう》**（洋画家《ようがか》・1881年）

たんじょう花と花ことば

ケイトウ／色あせぬ恋《こい》

30日

山頂《さんちょう》にあった
富士山測候所《ふじさんそっこうじょ》の建物《たてもの》

富士山《ふじさん》に観測所《かんそくじょ》建《た》つ　一八九五年のこの日、富士山で気《き》象《しょう》を観測《かんそく》するはじめての施設《しせつ》を、野中到《のなかいたる》、千代子《ちよこ》夫妻《ふさい》が自分たちで費用《ひよう》をだしてつくったよ。「高層気象《こうそうきしょう》を観測《かんそく》すれば、長期《ちょうき》の天気予報《てんきよほう》が可能《かのう》」との考えからで、のちの気《き》象庁《しょうちょう》の富士山測候所の前身《ぜんしん》となったんだ。

ごろあわせ記念日

ハッピーサンシャインデー　ハッ（8）ピーサンシャイン（30）

たんじょう日

ジャック・ルイ・ダビッド（画家・フランス・1748年）／**アーネスト・ラザフォード**（物理学者《ぶつりがくしゃ》・イギリス・1871年）／**バージニア・リー・バートン**（絵本作家・アメリカ・1909年）

たんじょう花と花ことば

カヤツリグサ／伝統《でんとう》

31日

宿題《しゅくだい》の日　学べるよろこび、教育《きょういく》を受《う》ける大切さに気づくきっかけになるようにとつくられた日。世界《せかい》には、学校に行きたくても行けないこどもがまだまだたくさんいるんだよ。

ごろあわせ記念日

野菜《やさい》の日

たんじょう日

マリア・モンテッソーリ（医師《いし》、教育者《きょういくしゃ》・イタリア・1870年）／**鏑木清方《かぶらききよかた》**（日本画家・1878年）／**ウィリアム・サローヤン**（作家・アメリカ・1908年）／**バン・モリソン**（音楽家・イギリス・1945年）

たんじょう花と花ことば

サルビア／燃《も》ゆる思い

9
月

長《なが》月《つき》

9月のたんじょう石：サファイア
宝石《ほうせき》ことば：誠実《せいじつ》
9月の祝日《しゅくじつ》：敬老《けいろう》の日（第《だい》3月曜日）
秋分の日
（22～23日ごろ）
9月の色：青

1日

関東大震災《かんとうだいしんさい》おこる　一九二三年のこの日、マグニチュード七・九の大地震《おおじしん》が関東地方《かんとうちほう》をおそったんだ。家屋《かおく》の全半壊《ぜんはんかい》二十一万戸以上《こいじょう》。死者《ししゃ》・行方不明者《ゆくえふめいしゃ》約《やく》十万五〇〇〇人以上と、甚大《じんだい》な被害《ひがい》となったよ。

防災《ぼうさい》の日　この日は各地《かくち》で防災訓練《ぼうさいくんれん》がおこなわれる。このころは季節《きせつ》のうつりかわりをしめす雑節《ざっせつ》の「二百十日《にひゃくとおか》」で、大荒《おおあ》れの天気になることがあるんだ。

たんじょう日

エドガー・ライス・バローズ（作家・アメリカ・1875年）／**国吉康《くによしやす》雄《お》**（洋画家《ようがか》・1889年）／**小澤征爾《おざわせいじ》**（指揮者《しきしゃ》・1935年）

たんじょう花と花ことば

スパティフィラム／清《きよ》らかな心

2日

子どもの権利条約発効《けんりじょうやくはっこう》　一九九〇年のこの日、子どもの権利条約が発効したよ。条約にさだめられた権利は、「生きる権利」「育《そだ》つ権利」「守《まも》られる権利」「参加《さんか》する権利」の四つだよ。世界《せかい》のこどものために活動《かつどう》している国連機関《こくれんきかん》ユニセフは、この条約の普及《ふきゅう》をおしすすめてきたんだ。

ユニセフのマーク

ごろあわせ記念日

宝《たから》くじの日　く（9）じ（2）

たんじょう日

リリウオカラニ（女王・ハワイ王国・1838年）／**伊藤博文《いとうひろぶみ》**（政治家《せいじか》・1841年）／**宮口《みやぐち》しづえ**（児童文学作《じどうぶんがくさっ》家《か》・1907年）／**ホレス・シルバー**（ジャズピアニスト・アメリカ・1928年）

たんじょう花と花ことば

マーガレット／信頼《しんらい》

3日

王貞治《おうさだはる》

王貞治選手《おうさだはるせんしゅ》が世界新記録《せかいしんきろく》　一九七七年のこの日、プロ野球巨人軍《やきゅうきょじんぐん》の王貞治選手が通算《つうさん》七五六号《ごう》ホームランを打《う》って、世界新記録を達成《たっせい》したよ。その二日後には日本ではじめての国民栄誉賞《こくみんえいよしょう》が王選手に授与《じゅよ》され、その栄誉《えいよ》がたたえられたんだ。王選手は引退《いんたい》までにぜんぶで八六八本のホームランを打ったよ。

たんじょう日

フェルディナント・ポルシェ（自動《じどう》車設計者《しゃせっけいしゃ》・ドイツ・1875年）／**家《いえ》永三郎《ながさぶろう》**（歴史学者《れきしがくしゃ》・1913年）／**野依良治《のよりりょうじ》**（化学者《かがくしゃ》・1938年）／**ドラえもん**（まんがのキャラクター・2112年）

たんじょう花と花ことば

ヒョウタン／夢《ゆめ》

4日

動物《どうぶつ》たちの慰霊法要《いれいほうよう》　東京の上野動物園《うえのどうぶつえん》で、動物たちの慰霊法要がおこなわれたのは、一九四三年のこの日のことだよ。第《だい》二次世界大戦中《じせかいたいせんちゅう》、空襲《くうしゅう》でおりがこわれて動物たちが逃《に》げだした場合のきけんを考え、二十七頭の動物を殺《ころ》したんだ。その動物たちを供養《くよう》するためにおこなわれたよ。➡3/20、9/25、10/28

ごろあわせ記念日

くしの日／串《くし》の日／クラシック音楽の日／くじらの日／供養《くよう》の日

たんじょう日

アントン・ブルックナー（作曲家《さっきょくか》・オーストリア・1824年）／**萩原葉《はぎわらよう》子《こ》**（作家・1920年）／**山中伸弥《やまなかしんや》**（医学者《いがくしゃ》・1962年）

たんじょう花と花ことば

ブドウ／陶酔《とうすい》

5日

マザー・テレサ

国際《こくさい》チャリティー・デー　一九九七年のこの日、マザー・テレサが亡《な》くなった。まずしい人、苦《くる》しんでいる人によりそい、救《すく》いの手をさしのべる活動《かつどう》に生涯《しょうがい》をささげた人だよ。「チャリティー」とは、見かえりをもとめずに親切や、金銭《きんせん》・労力《ろうりょく》の提供《ていきょう》をして、困《こま》っている人とつながること。

ごろあわせ記念日

石炭《せきたん》の日 ク(9)リーンコ(5)ール。「コール」は石炭のこと

たんじょう日

トマソ・カンパネッラ（哲学者《てつがくしゃ》・イタリア・1568年）／**ヨハン・クリスティアン・バッハ**（作曲家《さっきょくか》・ドイツ・1735年）／**利根川進《とねがわすすむ》**（遺伝学者《いでんがくしゃ》・1939年）

たんじょう花と花ことば

オミナエシ／ 親切《しんせつ》

6日

世界一周《せかいいっしゅう》のマゼラン隊《たい》帰国《きこく》　一五二二年のこの日、三年前に香料《こうりょう》をもとめる旅《たび》にでたマゼラン隊の船、ビクトリア号《ごう》がアフリカの喜望峰《きぼうほう》をまわってスペインに帰ってきたよ。一行は世界ではじめて地球一周《ちきゅういっしゅう》の航海《こうかい》をなしとげたんだ。ただ、残念《ざんねん》なことに、マゼラン自身《じしん》はフィリピンの島《しま》で、たたかいによって亡くなっていた。

ごろあわせ記念日

黒の日

たんじょう日

ラ・ファイエット（軍人《ぐんじん》・フランス・1757年）／**ジョン・ドルトン**（化学者《かがくしゃ》、物理学者《ぶつりがくしゃ》・イギリス・1766年）／**星新一《ほししんいち》**（作家・1926年）

たんじょう花と花ことば

ミソハギ／悲哀《ひあい》

7日

フクロオオカミ

絶滅危惧種《ぜつめつきぐしゅ》の日　一九三六年のこの日、オーストラリアのタスマニア州《しゅう》の動物園《どうぶつえん》で飼育《しいく》されていたフクロオオカミが死亡《しぼう》。フクロオオカミ最後《さいご》の一頭だった。これを機《き》に、絶滅の危機《きき》にある生物《せいぶつ》への理解《りかい》をよびかける日として、オーストラリアで制定《せいてい》されたんだ。

たんじょう日

エリザベス一世《せい》（女王・イギリス・1533年）／**ジョルジュ・ルイ・ルクレール・ド・ビュフォン**（博物学者《はくぶつがくしゃ》・フランス・1707年）／**エリア・カザン**（映画監督《えいがかんとく》・アメリカ・1909年）

忌日《きにち》　**泉鏡花《いずみきょうか》／吉川英治《よしかわえいじ》**

たんじょう花と花ことば

ナツメ／健康《けんこう》の果実《かじつ》

8日

平和《へいわ》条約《じょうやく》に調印《ちょういん》　吉田茂首相《よしだしげるしゅしょう》がサンフランシスコ平和条約に調印したのは、一九五一年のこの日のことだ。➡4/28

国際《こくさい》識字《しきじ》デー　一九六五年のこの日、イランのテヘランでひらかれた世界文部大臣会議《せかいもんぶだいじんかいぎ》で、イランのパーレビ国王が軍事費《ぐんじひ》の一部《いちぶ》を識《しき》字《じ》教育《きょういく》にまわすようよびかけたよ。

署名《しょめい》をする
吉田茂首相《よしだしげるしゅしょう》

ごろあわせ記念日

桑《くわ》の日 く(9)わ(8)

たんじょう日

アントニン・ドボルザーク（作曲家・チェコ・1841年）／**羽仁もと子《はにもとこ》**（教育者《きょういくしゃ》・1873年）／**堀江謙一《ほりえけんいち》**（海洋冒険家《かいようぼうけんか》・1938年）

たんじょう花と花ことば

トリカブト／人ぎらい

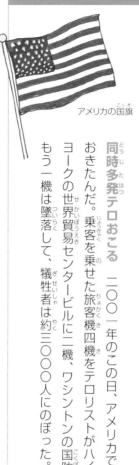

9日

救急《きゅうきゅう》の日　きゅう（9）きゅう（9）の語呂《ごろ》あわせで、厚生省《こうせいしょう》（いまの厚生労働省《こうせいろうどうしょう》）が制定した日。「119番を乱用《らんよう》しない。119番に電話するときは、あわてず場所《ばしょ》を正確《せいかく》に」と、救急車《きゅうきゅうしゃ》の正しいよびかたや応急手当《おうきゅうてあて》のしかたなどをしょうかいしているよ。

ごろあわせ記念日
九九の日

たんじょう日
リシュリュー（政治家《せいじか》・フランス・1585年）／**レフ・トルストイ**（作家・ロシア・1828年）／**ジェイムズ・ヒルトン**（作家・イギリス・1900年）

たんじょう花と花ことば
ヘクソカズラ／意外性《いがいせい》のある

10日

テレビのカラー放送開始《ほうそうかいし》　一九六〇年のこの日、テレビのカラー放送がはじまったよ。でも、カラー放送は一日に一、二時間程度《ていど》だったんだ。⇩2/1

下水道の日　雨水の処理《しょり》は下水道の役割《やくわり》のひとつ。下水道を整備《せいび》することへの理解《りかい》と協力《きょうりょく》をもとめて、台風被害《たいふうひがい》が多くなる時季《じき》のこの日に、建設省《けんせつしょう》（いまの国土交通省《こくどこうつうしょう》）が一九六一年に制定したよ。

たんじょう日
ジョルジュ・バタイユ（哲学者・フランス・1897年）／**武内俊子《たけうちとしこ》**（童謡《どうよう》作詞家《さくしか》・1905年）／**木村政彦《きむらまさひこ》**（柔道家《じゅうどうか》・1917年）

たんじょう花と花ことば
シュウカイドウ／片思《かたおも》い

11日

アメリカの国旗《こっき》

同時多発《どうじたはつ》テロおこる　二〇〇一年のこの日、アメリカで同時多発テロ事件《じけん》がおきたんだ。乗客《じょうきゃく》を乗《の》せた旅客機《りょかくき》四機《き》をテロリストがハイジャックし、ニューヨークの世界貿易《せかいぼうえき》センタービルに二機、ワシントンの国防総省《こくぼうそうしょう》に一機が突入《とつにゅう》、もう一機は墜落《ついらく》して、犠牲者《ぎせいしゃ》は約《やく》三〇〇〇人にのぼった。

たんじょう日
エドムント・ナウマン（地質学者《ちしつがくしゃ》・ドイツ・1854年）／**オー・ヘンリー**（作家・アメリカ・1862年）／**益田喜頓《ますだきいとん》**（俳優《はいゆう》・1909年）

たんじょう花と花ことば
ナス／真実《しんじつ》

豆クイズ

アメリカの国旗《こっき》、星条旗《せいじょうき》の赤と白の十三本のしまは、なにをあらわしている？

① アメリカを流《なが》れる川の数
② アメリカがさいしょにもっていた船の数
③ アメリカ独立時《どくりつじ》の州《しゅう》の数

U.S.A.

答えは下にあるよ

答え：③ アメリカは、さいしょ13州《しゅう》からはじまり、いまは50州あるんだ

12日

兵士《へいし》の像《ぞう》

マラソンの日　紀元前《きげんぜん》四五〇年のこの日、アテネのマラトンに上陸《じょうりく》したペルシャ軍《ぐん》を、アテネが撃退《げきたい》。伝令《でんれい》となった兵士《へいし》は、アテネの城門《じょうもん》まで走って勝利《しょうり》をつげたのち、絶命《ぜつめい》した。その故事《こじ》にちなみ、一八九六年の第《だい》一回《かい》アテネオリンピックで、マラトンからアテネまでの約《やく》四十キロメートルを走るマラソンがはじめておこなわれたんだ。⇒4/6

たんじょう日

相馬黒光《そうまこっこう》（実業家《じつぎょうか》・1876年）／**徳**《とく》**田球一**《だきゅういち》（政治家《せいじか》・1894年）／**ベン・シャーン**（画家・アメリカ・1898年）／**鈴木章**《すずきあきら》（化学者《かがくしゃ》・1930年）

たんじょう花と花ことば

アイ／うつくしいよそおい

13日

「SP《エスピー》」誕生《たんじょう》　一九七五年のこの日、警視庁《けいしちょう》に「SP」が誕生したよ。「SP」とは、セキュリティポリスのこと。首相《しゅしょう》や大臣《だいじん》、国内、海外の重要人物《じゅうようじんぶつ》を警護《けいご》するんだ。警視庁は、東京都《とうきょうと》を担《たん》当《とう》する警察組織《けいさつそしき》。

たんじょう日

杉田玄白《すぎたげんぱく》（医師《いし》、蘭学者《らんがくしゃ》・1733年）／**アルノルト・シェーンベルク**（作《さっ》曲家《きょくか》・オーストリア・1874年）／**大**《おお》**宅壮一**《やそういち》（ジャーナリスト・1900年）／**ロアルド・ダール**（作家《さっか》・イギリス・1916年）

たんじょう花と花ことば

タマスダレ／純白《じゅんぱく》な愛《あい》

14日

津田梅子《つだうめこ》

津田梅子《つだうめこ》が女子英学塾《じょしえいがくじゅく》を設立《せつりつ》　一九〇〇年のこの日、日本初《にほんはつ》の女子留学生《じょしりゅうがくせい》だった教育者《きょういくしゃ》の津田梅子が、女子英学塾を東京の麹町《こうじまち》に設立したよ。これは日本さいしょの私立女子高等教育機関《しりつじょしこうとうきょういくきかん》だった。学生は十人、六畳《じょう》二間《ま》のこぢんまりした学校だったけれど、一九四三年には専門学校《せんもんがっこう》に発展《はってん》し、さらにその後は津田塾大学《つだじゅくだいがく》となって、いまも多くの学生が勉強《べんきょう》しているよ。

たんじょう日

赤塚不二夫《あかつかふじお》（まんが家・1935年）／**エイミー・ワインハウス**（歌手、作曲家・イギリス・1983年）

たんじょう花と花ことば

フシグロセンノウ／転機《てんき》

15日

優先席《ゆうせんせき》はじまる　一九七三年のこの日に、国鉄《こくてつ》（いまのJR《ジェイアール》）が東京の中《ちゅう》央線《おうせん》に、日本初のお年よりや身体障害者《しんたいしょうがいしゃ》などの優先席「シルバーシート」を設置《せっち》したよ。その後、優先する人の範囲《はんい》を広げて「優先席」となった。

ひじきの日　九月十五日は、かつて「敬老《けいろう》の日」だったんだ。健康食《けんこうしょく》、長寿《ちょうじゅ》食《しょく》として知られている栄養満点《えいようまんてん》のひじきを食べて、健康で長生きを。

さいしょに使《つか》われた
シルバーシートのマーク

たんじょう日

朱子《しゅし》（儒学者《じゅがくしゃ》・中国・1130年）／**アガサ・クリスティー**（作家・イギリス・1890年）／**村山槐多**《むらやまかいた》（洋画家《ようがか》・1896年）／**中村哲**《なかむらてつ》（医師《いし》・1946年）

たんじょう花と花ことば

ススキ／努力《どりょく》

16日

オゾン層《そう》が破壊《はかい》されてできた
オゾンホールのイメージ

オゾン層保護《そうほご》のための国際《こくさい》デー　オゾン層の破壊《はかい》がすすんでいることから、一九八七年のこの日、モントリオール議定書《ぎていしょ》が国連《こくれん》で採択《さいたく》されたよ。オゾン層を破壊するおそれのある物質《ぶっしつ》を使《つか》ったりつくったりすることを規制《きせい》する内容《ないよう》だ。オゾン層は、大気の成層圏《せいそうけん》にあって、紫外線《しがいせん》を吸収《きゅうしゅう》する役割《やくわり》などがあるんだ。

たんじょう日
渡辺崋山《わたなべかざん》（蘭学者・1793年）／竹久夢二《たけひさゆめじ》（画家・1884年）／緒方貞子《おがたさだこ》（国際政治学者《こくさいせいじがくしゃ》・1927年）

たんじょう花と花ことば
ヤマゴボウ／野生《やせい》

17日

東京モノレール開通《かいつう》　一九六四年のこの日、羽田空港《はねだくうこう》と浜松町《はままつちょう》のあいだをむすぶ、東京モノレールが開業《かいぎょう》したよ。本格的《ほんかくてき》な都市《とし》交通機関《こうつうきかん》としてのモノレールは、世界初《せかいはつ》だったといわれている。一九六四年の東京オリンピックの三週間前に開通して、世界中からきたオリンピック選手《せんしゅ》をはこんだよ。

ごろあわせ記念日
イタリア料理《りょうり》の日　イタリア語で「料理」を意味《いみ》する「クチーナ」を917と読んで

たんじょう日
正岡子規《まさおかしき》（俳人《はいじん》、歌人・1867年）／杉下茂《すぎしたしげる》（野球選手《やきゅうせんしゅ》・1925年）

忌日《きにち》　若山牧水《わかやまぼくすい》

たんじょう花と花ことば
フウセンカズラ／あなたと飛《と》びたちたい

18日

チリの国旗《こっき》

チリ独立記念日《どくりつきねんび》　一八一〇年のこの日、チリで自治政《じちせい》府《ふ》が設立《せつりつ》され、独立記念日となった。その後《ご》、独立運動《どくりつうんどう》家《か》ベルナルド・オイギンスが解放軍《かいほうぐん》をひきいてスペイン軍とたたかい、一八一八年二月に、チリはスペインから独立したんだ。

たんじょう日
レオン・フーコー（物理学者《ぶつりがくしゃ》・フランス・1819年）／横山大観《よこやまたいかん》（日本画家・1868年）／土屋文明《つちやぶんめい》（歌人、国文学者《こくぶんがくしゃ》・1890年）

忌日　徳冨蘆花《とくとみろか》

たんじょう花と花ことば
ホウセンカ／わたしにふれないで

19日

苗字《みょうじ》の日　一八七〇年のこの日から、それまでは武士《ぶし》の特権《とっけん》とされてきた苗字を、平民《へいみん》ももつことがゆるされたよ。ところが、どんな苗字にしようかと迷《まよ》う人が多く、なかなか苗字を名のらなかったんだ。そこで明治政府《めいじせいふ》は、その五年後に、苗字を名のることを義務《ぎむ》づける法律《ほうりつ》をつくったよ。

たんじょう日
アントニヌス・ピウス（皇帝《こうてい》・古代《こだい》ローマ・86年）／澤田美喜《さわだみき》（社会事業家《しゃかいじぎょうか》・1901年）

忌日　正岡子規《まさおかしき》（糸瓜忌《へちまき》）

たんじょう花と花ことば
ツリフネソウ／短気《たんき》

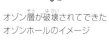

20日

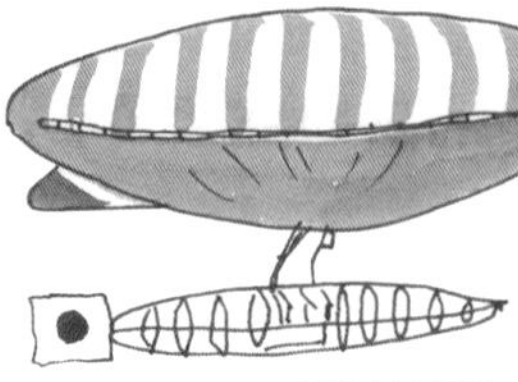

山田式飛行船《やまだしきひこうせん》

バスの日　一九〇三年のこの日、日本ではじめての乗合《のりあい》バスの運行《うんこう》がはじまったよ。京都《きょうと》の堀川中立売《ほりかわなかたちうり》～七条《しちじょう》～祇園間《ぎおんかん》を走ったんだ。このバスは屋根《やね》がなかったから、雨の日は運休《うんきゅう》したんだって。

空の日　一九一一年のこの日、山田猪三郎《やまだいさぶろう》が考案《こうあん》した山田式飛行船《やまだしきひこうせん》が東京上空を初飛行《はつひこう》したよ。これを記念《きねん》して、いまは「空の日」になっているんだ。

たんじょう日

大石久敬《おおいしひさたか》（農政学者《のうせいがくしゃ》・1725年）／**ラーマ五世《せい》**（国王・タイ・1853年）／**ソフィア・ローレン**（俳優《はいゆう》・イタリア・1934年）

たんじょう花と花ことば

ヒガンバナ／**悲《かな》しい思い出**

21日

土俵《どひょう》の柱《はしら》がなくなった日　大相撲《おおずもう》の土俵の四すみの柱がとりのぞかれたのは、一九五二年のこの日のこと。以後《いご》はつり屋根《やね》の四すみから、四色の房《ふさ》が下げられたよ。これで観客《かんきゃく》は取《と》り組《く》みがよく見られるようになったんだ。

国際平和《こくさいへいわ》デー　一日をとおして平和にすごすことをよびかける国際デー。コスタリカの発案《はつあん》により、一九八一年に国連《こくれん》で制定《せいてい》されたんだ。

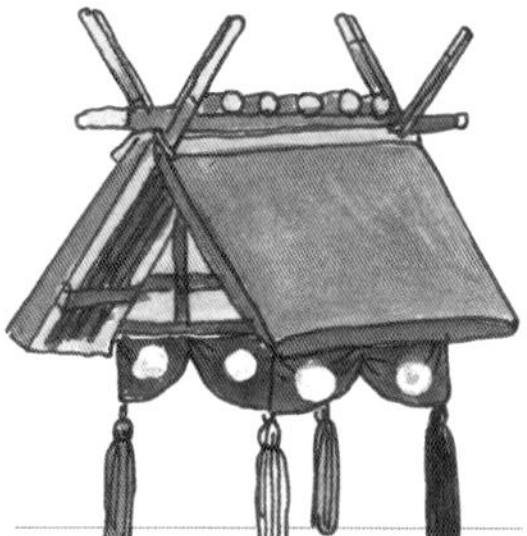

たんじょう日

グスターブ・ホルスト（作曲家《さっきょくか》・イギリス・1874年）／**菱田春草《ひしだしゅんそう》**（日本画家・1874年）／**スティーブン・キング**（作家・アメリカ・1947年）

忌日《きにち》　宮沢賢治《みやざわけんじ》

たんじょう花と花ことば

クズ／**治癒《ちゆ》**

22日

カーフリーデー　一九九七年九月に、フランスで「車のない日」という社会実験《しゃかいじっけん》があったんだ。それをきっかけに、この日は車を使《つか》わずに、都市生活と車の使いかたなどの問題《もんだい》について考える日になったよ。いまはヨーロッパ中に広がって、日本でも秋分の日におこなうことがあるんだ。

たんじょう日

マイケル・ファラデー（化学者《かがくしゃ》、物理学者《ぶつりがくしゃ》・イギリス・1791年）／**H.G.ウェルズ**（作家・イギリス・1866年）／**田部井淳子《たべいじゅんこ》**（登山家《とざんか》・1939年）

たんじょう花と花ことば

センニチコウ／**不朽《ふきゅう》**

23日

海王星発見《かいおうせいはっけん》　ドイツの天文学者《てんもんがくしゃ》、ガレが太陽系《たいようけい》八番目《ばんめ》の惑星《わくせい》、海王星を発見したよ。一八四六年のこの日のことだ。海王星のある場所《ばしょ》をガレにつたえたのは、フランスの天文学者、ルベリエ。そのため、ルベリエが海王星の発見者だともいわれているよ。

ユルバン・ルベリエ

ごろあわせ記念日

不動産《ふどうさん》の日　ふ(2)どう(10)さん(3)

たんじょう日

アウグストゥス（皇帝《こうてい》・古代《こだい》ローマ・紀元前《きげんぜん》63年）／**葛飾北斎《かつしかほくさい》**（浮世絵師《うきよえし》・1760年）／**レイ・チャールズ**（歌手・アメリカ・1930年）

たんじょう花と花ことば

ヒヨドリバナ／**清楚《せいそ》**

24日

みどりの窓口開設《まどぐちかいせつ》　一九六五年のこの日、国鉄《こくてつ》（いまのＪＲ《ジェイアール》）がみどりの窓口を開設。全国《ぜんこく》一五二の駅《えき》と八十三の交通公社《こうつうこうしゃ》（いまのＪＴＢ《ジェイティービー》）に設置《せっち》され、指定席券《していせきけん》がオンライン方式《ほうしき》で買えるようになったんだ。

清掃《せいそう》の日　一九七一年のこの日、「廃棄物《はいきぶつ》の処理《しょり》および清掃にかんする法律《ほうりつ》」が施行《しこう》され、それにちなんで制定されたよ。

たんじょう日

スコット・フィッツジェラルド（作家・アメリカ・1896年）／**小糸《こいと》のぶ**（作家・1905年）／**長新太《ちょうしんた》**（絵本作家・1927年）

たんじょう花と花ことば

オケラ／金欠病《きんけつびょう》

25日

ゾウのインディラ、上野動物園《うえのどうぶつえん》へ　東京の上野動物園にいたゾウ、インディラは、インドのネール首相《しゅしょう》からおくられたんだ。一九四九年のこの日に動物園へきたインディラをひと目見に、多くの人が集《あつ》まったよ。

➡3/20、9/4、10/28

世界初《せかいはつ》のトライアスロン　一九七四年のこの日に、アメリカでおこなわれたよ。ひとりの選手《せんしゅ》が水泳《すいえい》、自転車《じてんしゃ》、長距離走《ちょうきょりそう》の三種目《しゅもく》をおこなう競技《きょうぎ》なんだ。

たんじょう日

魯迅《ろじん》（作家・中国・1881年）／**ウィリアム・フォークナー**（作家・アメリカ・1897年）／**グレン・グールド**（ピアニスト・カナダ・1932年）

たんじょう花と花ことば

タデ／節操《せっそう》

26日

伊勢湾台風来襲《いせわんたいふうらいしゅう》　一九五九年のこの日、台風十五号《ごう》が東海地方を中心におそい、死者《ししゃ》・行方不明者《ゆくえふめいしゃ》は全国《ぜんこく》で五〇〇〇人をこえたよ。

核兵器《かくへいき》の全面的廃絶《ぜんめんてきはいぜつ》のための国際デー　二〇一三年のこの日、国連の「核軍縮《かくぐんしゅく》ハイレベル会合」で制定。核兵器廃絶《かくへいきはいぜつ》のイベントがおこなわれる。

たんじょう日

三井高福《みついたかよし》（実業家《じつぎょうか》・1808年）／**イワン・パブロフ**（生理学者《せいりがくしゃ》・ロシア・1849年）／**T.S.エリオット**（詩人《しじん》、劇作家《げきさっか》・イギリス・1888年）／**ジョージ・ガーシュイン**（作曲家・アメリカ・1898年）

忌日　小泉八雲《こいずみやくも》

たんじょう花と花ことば

キクイモ／陰徳《いんとく》

豆クイズ

大相撲《おおずもう》の取《と》り組《く》み前に、力士《りきし》が大きく手を広げて柏手《かしわで》を打《う》つ理由《りゆう》は？

①自分を大きく見せて威嚇《いかく》する
②勝《か》てるように祈《いの》っている
③武器《ぶき》をなにももっていないと証明《しょうめい》するため

答えは下にあるよ

答え：③　力士《りきし》のきまった動《うご》きには、それぞれに意味《いみ》があるんだ

27日

女性《じょせい》ドライバーの日　一九一七年のこの日、日本人女性《にっぽんじんじょせい》がはじめて運転免許《うんてんめんきょ》を取得《しゅとく》したんだ。栃木県在住《とちぎけんざいじゅう》の渡辺《わたなべ》はまさん、当時二十三才だったよ。

御嶽山噴火《おんたけさんふんか》　二〇一四年のこの日、長野県《ながのけん》と岐阜県《ぎふけん》にまたがる御嶽山が噴火した。紅葉《こうよう》の季節《きせつ》の土曜日の昼で、頂上付近《ちょうじょうふきん》は人出が多く、死者《ししゃ》五十八人、行方不明《ゆくえふめい》者《しゃ》五人、負傷者《ふしょうしゃ》六十九人と大きな人的被害《じんてきひがい》がでて、戦後最悪《せんごさいあく》の噴火災害《ふんかさいがい》となった。

たんじょう日

武市瑞山《たけちずいざん》（志士《しし》・1829年）／戸坂《とさか》潤《じゅん》（哲学者《てつがくしゃ》・1900年）／羽生善治《はぶよしはる》（将棋棋士《しょうぎきし》・1970年）

たんじょう花と花ことば

コスモス／乙女《おとめ》のまごころ

28日

新清水《しんしみず》トンネル開通《かいつう》　一九六七年のこの日、鉄道《てつどう》の上越線《じょうえつせん》新清水トンネルが開通したよ。全長《ぜんちょう》一万三五〇〇メートルのトンネルだ。群馬県《ぐんまけん》の土合《どあい》と新《に》潟県《いがたけん》の土樽《つちたる》のあいだは、先につくられていた清水《しみず》トンネルに並行《へいこう》して通っているよ。このトンネルが開通したことで、上越線は複線化《ふくせんか》され、交通量《こうつうりょう》を増《ふ》やすことができたんだ。➡12/29

たんじょう日

カラバッジョ（画家・イタリア・1571年）／島津斉彬《しまづなりあきら》（大名・1809年）／ジョサイア・コンドル（建築《けんちく》家《か》・イギリス・1852年）

たんじょう花と花ことば

シオン／追想《ついそう》

29日

横浜《よこはま》でガス灯《とう》が点灯《てんとう》　一八七二年のこの日、日本初《にほんはつ》のガス灯が横浜にともった。石炭《せきたん》ガスを燃料《ねんりょう》にしたあかりが、夜の街《まち》を明るく照《て》らしたよ。

日中国交正常化《にっちゅうこっこうせいじょうか》の日　一九七二年のこの日、日本と中国の国交正常化共同声明《こっこうせいじょうかきょうどうせいめい》の調印《ちょういん》式《しき》が北京《ペキン》でおこなわれた。田中角栄《たなかかくえい》、周恩来《しゅうおんらい》の両首相《りょうしゅしょう》が署名《しょめい》し、国交が回復《かいふく》した。

ごろあわせ記念日

クリーニングの日

たんじょう日

ミゲル・デ・セルバンテス（作家・スペイン・1547年）／徳川慶喜《とくがわよしのぶ》（将軍《しょうぐん》・1837年）／鈴木三重吉《すずきみえきち》（作家・1882年）／中川李枝子《なかがわりえこ》（児童文学《じどうぶんがく》作家《さっか》・1935年）

忌日《きにち》　本居宣長《もとおりのりなが》

たんじょう花と花ことば

チトニア／果報者《かほうもの》

30日

クレーンの日　一九八〇年のこの日、「クレーン等安全規則《とうあんぜんきそく》」が公布《こうふ》されたよ。

東海村《とうかいむら》で臨界事故《りんかいじこ》　茨城県《いばらきけん》東海村の核燃料施設《かくねんりょうしせつ》で臨界事故が発生《はっせい》したのは、一九九九年のこの日のことだ。臨界事故とは、意図《いと》せずに核分裂連鎖反《かくぶんれつれんさはん》応《のう》がおきるもので、これによって大量《たいりょう》の放射線《ほうしゃせん》や熱《ねつ》が発生する。この事故《じこ》では三人が被爆《ひばく》し、そのうち二人が亡《な》くなったんだ。

ごろあわせ記念日

クミンの日

たんじょう日

ハンス・ガイガー（物理学者《ぶつりがくしゃ》・ドイツ・1882年）／トルーマン・カポーティ（作家・アメリカ・1924年）／星野哲郎《ほしのてつろう》（作詞家《さくしか》・1925年）

たんじょう花と花ことば

ハゲイトウ／不老不死《ふろうふし》

10月

神《かん》無《な》月《づき》

10月のたんじょう石：オパール

宝石《ほうせき》ことば：希望《きぼう》

10月の祝日《しゅくじつ》：スポーツの日
（第《だい》2月曜日）

10月の色：だいだい

1日

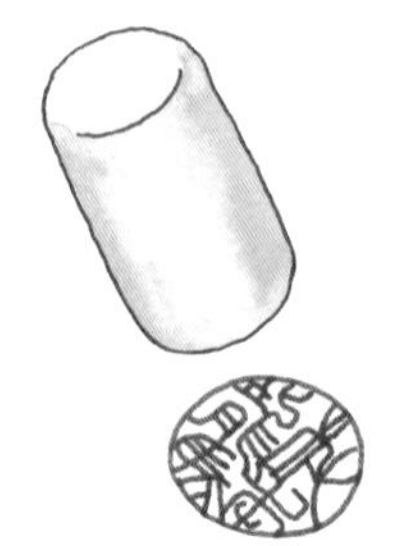

ハンコの日　一八七三年のこの日、明治政府《めいじせいふ》が、公式《こうしき》の文書にはかならず実印《じついん》をおすことをさだめたよ。

国慶節《こっけいせつ》　中国の建国記念日《けんこくきねんび》。一九四九年のこの日、北京《ペキン》の天安門広場《てんあんもんひろば》でおこなわれた建国式典《けんこくしきてん》で、毛沢東首席《もうたくとうしゅせき》が中華《ちゅうか》人民共和国《じんみんきょうわこく》の成立《せいりつ》を宣言《せんげん》したよ。

ごろあわせ記念日

メガネの日 日付《ひづけ》を漢数字《かんすうじ》で書くと「一〇〇一」で、メガネのよう

たんじょう日

川口松太郎《かわぐちまつたろう》（作家・1899年）／**服《はっ》部良一《とりりょういち》**（作曲家《さっきょくか》・1907年）／**椎名《しいな》麟三《りんぞう》**（作家・1911年）／**ジュリー・アンドリュース**（俳優《はいゆう》・イギリス・1935年）

たんじょう花と花ことば

モミジアオイ／**温和《おんわ》**

2日

ガンジー誕生日《たんじょうび》　インドの祝日《しゅくじつ》。南アフリカで弁護士《べんごし》をしていたガンジーは、そこでの人種差別《じんしゅさべつ》に反対《はんたい》して、差別撤廃《さべつてっぱい》のための運《うん》動《どう》に参加《さんか》していったんだ。➡1/30、3/12

国際非暴力《こくさいひぼうりょく》デー　インド独立《どくりつ》の父で、非暴力を説《と》いたマハトマ・ガンジーの誕生日にちなんで、二〇〇七年に制定《せいてい》された国際デー。

マハトマ・ガンジー

ごろあわせ記念日

豆腐《とうふ》の日

たんじょう日

グレアム・グリーン（作家・イギリス・1904年）／**円地文子《えんちふみこ》**（作家・1905年）／**スティング**（音楽家・イギリス・1951年）

たんじょう花と花ことば

コリウス／**健康《けんこう》**

3日

統一《とういつ》のシンボルとなった
ブランデンブルク門

東西ドイツ統一《とういつ》の日　一九九〇年のこの日、東西ドイツが統一されたよ。その前の一九八〇年代《ねんだい》後半から、東ヨーロッパの国ぐにの民主化《みんしゅか》がすすんでいたんだ。ドイツでは一九八九年の十一月に、「ベルリンの壁《かべ》」が市民によってこわされたことがきっかけになった。➡5/23、8/13、11/9

ごろあわせ記念日

登山《とざん》の日 と（10）ざん（3）

たんじょう日

ピエール・ボナール（画家・フランス・1867年）／**津田左右吉《つだそうきち》**（歴史《れきし》学者《がくしゃ》・1873年）／**平林《ひらばやし》たい子《こ》**（作家・1905年）

たんじょう花と花ことば

オトコエシ／**野性味《やせいみ》**

4日

世界動物《せかいどうぶつ》の日　一九三一年に、イタリアのフィレンツェで開《ひら》かれた「国際動物保護会議《こくさいどうぶつほごかいぎ》」で制定されたよ。この日は、動物とも心を通わせていたキリスト教《きょう》の聖人《せいじん》、アッシジの聖《せい》フランチェスコの祝日《しゅくじつ》だからなんだ。

ごろあわせ記念日

イワシの日 い（1）わ（0）し（4）

たんじょう日

ジャン・ミレー（画家・フランス・1814年）／**新村出《しんむらいずる》**（言語学者《げんごがくしゃ》・1876年）／**福井謙一《ふくいけんいち》**（理論化学《りろんかがく》者《しゃ》・1918年）

たんじょう花と花ことば

エノコログサ／**遊《あそ》び**

5日

日本初《にほんはつ》の時刻表発行《じこくひょうはっこう》　一八九四年のこの日、日本初の月刊《げっかん》時刻表『汽車《きしゃ》汽船《きせん》旅《りょ》行案内《こうあんない》』が発行されたよ。当時の時刻表は、たて書きだったんだ。

世界教師《せかいきょうし》デー　一九九四年にユネスコが制定した国際デーだよ。教師の育成《いくせい》や地位向上《ちいこうじょう》のための支援《しえん》と、教育《きょういく》の大切さをよびかける日。世界には、まだ満《まん》足《ぞく》に教育を受《う》けられないこどもたちがいる国や地域《ちいき》も多いんだ。

たんじょう日

ルイ・リュミエール（発明家《はつめいか》・フランス・1864年）／**福田英子《ふくだひでこ》**（社会《しゃかい》運動家《うんどうか》・1865年）

たんじょう花と花ことば

クコ／おたがいにわすれましょう

6日

国際協力《こくさいきょうりょく》の日　一九五四年のこの日、開発途上国《かいはつとじょうこく》への経済《けいざい》や技術《ぎじゅつ》の協力をおこなう国際機関《こくさいきかん》コロンボ・プランに日本が加盟《かめい》したよ。これを記念《きねん》して、外務省《がいむしょう》と国際協力事業団《こくさいきょうりょくじぎょうだん》が一九八七年に制定した日なんだ。

ごろあわせ記念日

天むすの日 天（テン=10）む（6）す

たんじょう日

ジョージ・ウェスティングハウス（発明家・アメリカ・1846年）／**孫文《そんぶん》**（政治家《せいじか》・中国・1866年）／**ル・コルビュジェ**（建築家《けんちくか》・スイス・1887年）

たんじょう花と花ことば

キンモクセイ／謙遜《けんそん》

7日

ミステリーの日　一八四九年のこの日はエドガー・アラン・ポーの命日《めいにち》。世《せ》界初《かいはつ》のミステリー小説《しょうせつ》『モルグ街《がい》の殺人事件《さつじんじけん》』を書いたアメリカの作家だよ。

新聞にコラム登場《とうじょう》　『大阪毎日新聞《おおさかまいにちしんぶん》』に、日本ではじめてのコラムが登場《とうじょう》したのは、一九〇二年のこの日のこと。コラムは評論《ひょうろん》などのかこみ記事《きじ》で、読みやすく書かれた短《みじか》い文なんだ。

たんじょう日

ニールス・ボーア（物理学者《ぶつりがくしゃ》・デンマーク・1885年）／**本間一夫《ほんまかずお》**（福《ふく》祉活動家《しかつどうか》・1915年）

たんじょう花と花ことば

キウイ／ひょうきん

8日

国立公園《こくりつこうえん》の候補《こうほ》きまる　一九三一年に「国立公園法《こくりつこうえんほう》」が制定され、一九三二年のこの日に、阿寒《あかん》・十和田《とわだ》・日光《にっこう》など自然豊《しぜんゆた》かでうつくしい地が候補にえらばれたんだ。➡3/16

ごろあわせ記念日

入れ歯《いば》デー い（1）れ（0）ば（8）

たんじょう日

名和靖《なわやすし》（昆虫研究家《こんちゅうけんきゅうか》・1857年）／**エルンスト・クレッチマー**（精神医学者《せいしんいがくしゃ》・ドイツ・1888年）／**武満徹《たけみつとおる》**（作曲家《さっきょくか》・1930年）

たんじょう花と花ことば

ノボタン／自然《しぜん》

9日

ハングルの日　韓国《かんこく》の記念日《きねんび》。一四四六年のこの日に、李氏朝鮮国王《りしちょうせんこくおう》の世宗《セジョン》がハングルの解説書《かいせつしょ》『訓民正音《くんみんせいおん》』を公布《こうふ》したよ。北朝鮮《きたちょうせん》（朝鮮民主主義人民共和国《ちょうせんみんしゅしゅぎじんみんきょうわこく》）では、一月十五日をハングルの日としているよ。

ごろあわせ記念日

道具《どうぐ》の日 どう（10）ぐ（9）／**塾《じゅく》の日**

たんじょう日

サン・サーンス（作曲家《さっきょくか》・フランス・1835年）／**大佛次郎《おさらぎじろう》**（作家・1897年）／**ジョン・レノン**（音楽家・イギリス・1940年）

たんじょう花と花ことば

ホトトギス／永遠《えいえん》にあなたのもの

10日

中華民国国慶日《ちゅうかみんこくこっけいじつ》　中華民国《ちゅうかみんこく》（台湾《たいわん》）の建国記念日《けんこくきねんび》。一九一一年のこの日、辛亥革命《しんがいかくめい》がおこって清朝《しんちょう》が崩壊《ほうかい》、中華民国が誕生《たんじょう》した。

東京オリンピック開幕《かいまく》　一九六四年のこの日、第《だい》十八回《かい》オリンピック東京大会が開幕したよ。これを記念《きねん》して、一九六六年から一九九九年まで、この日が国民《こくみん》の祝日《しゅくじつ》「体育《たいいく》の日」だったんだ。

ごろあわせ記念日

目の愛護《あいご》デー 「1010」を横《よこ》にたおして、まゆと目の形に

たんじょう日

アルベルト・ジャコメッティ（彫刻家《ちょうこくか》・スイス・1901年）／**セロニアス・モンク**（ジャズピアニスト・アメリカ・1917年）／**野坂昭如《のさかあきゆき》**（作家・1930年）

たんじょう花と花ことば

マツタケ／ひかえめ

11日

国際《こくさい》ガールズ・デー　女子児童《じょしじどう》にたいする差別《さべつ》と暴力《ぼうりょく》の撤廃《てっぱい》をよびかける国際デー。女の子たちが自由《じゆう》に活躍《かつやく》できるような社会をつくっていくことを目指《めざ》す日だよ。二〇一一年に制定《せいてい》。

国際カミングアウト・デー　LGBTQ+《エルジービーティーキュープラス》（➡6／28）の人びとを祝福《しゅくふく》し、社会に多様性《たようせい》への認識《にんしき》と理解《りかい》をうながすことを目指す記念日。

たんじょう日

榎本健一《えのもとけんいち》（俳優《はいゆう》・1904年）／**アート・ブレイキー**（ジャズドラマー・アメリカ・1919年）

たんじょう花と花ことば

アンズ／おくびょうな愛《あい》

12日

コロンブス・デー　一四九二年のこの日、スペインから航海《こうかい》してきたコロンブスが、中米のバハマ諸島《しょとう》のひとつの島《しま》に到達《とうたつ》したよ。ヨーロッパ人がはじめてアメリカ大陸《たいりく》にふれたといわれる日だ。でも、コロンブスは、ここをインドだと信《しん》じていたんだって。

スペインにあるコロンブス像《ぞう》

ごろあわせ記念日

豆乳《とうにゅう》の日 とう（10）に（2）ゅう

たんじょう日

朱舜水《しゅしゅんすい》（儒学者《じゅがくしゃ》・中国・1600年）／**ルチアーノ・パバロッティ**（オペラ歌手・イタリア・1935年）

忌日《きにち》　**松尾芭蕉《まつおばしょう》**（時雨忌《しぐれき》）／**青木昆陽《あおきこんよう》**

たんじょう花と花ことば

トウガラシ／旧友《きゅうゆう》

13日

世界標準時《せかいひょうじゅんじ》をきめる投票《とうひょう》がおこなわれる　一八八四年のこの日、世界共通《せかいきょうつう》の時刻《じこく》をきめるための投票がおこなわれたよ。イギリスのロンドンにあるグリニッジ天文台を通る経度《けいど》を〇度《ど》として、これを基準《きじゅん》にした時刻を「世界標準時」としたんだ。

ごろあわせ記念日

サツマイモの日「クリ（九里=9）より（四里=4）うまい十三里（9+4で、13）」という、サツマイモのおいしさをほめることばから。十三里はサツマイモの異名《いみょう》

たんじょう日

ルドルフ・ウィルヒョー（医師《いし》・ドイツ・1821年）／**小林多喜二《こばやしたきじ》**（作家・1903年）

たんじょう花と花ことば

ネリネ／また会う日を楽しみに

14日

鉄道《てつどう》の日　一八七二年九月十二日、日本ではじめての鉄道が開業《かいぎょう》したよ。新橋《しんばし》と横浜《よこはま》をむすんで走ったんだ。この日を新暦《しんれき》に直《なお》して、十月十四日を記念日としたよ。

『クマのプーさん』刊行《かんこう》　一九二六年のこの日、イギリスのA《エー》・A《エー》・ミルン作の『クマのプーさん』が発表《はっぴょう》されたよ。

たんじょう日

キャサリン・マンスフィールド（作家・ニュージーランド・1888年）／**レ・ドク・ト**（政治家《せいじか》・ベトナム・1911年）／**トニー谷《たに》**（舞台芸人《ぶたいげいにん》・1917年）

たんじょう花と花ことば

テランセラ／変身《へんしん》

15日

農山漁村女性《のうさんぎょそんじょせい》のための国際デー　農山漁村ではたらく女性がはたす役割《やくわり》を認識《にんしき》し、貧困撲滅《ひんこんぼくめつ》、女性たちの地位向上《ちいこうじょう》を目的《もくてき》とした国際デー。世界人口《せかいじんこう》の四分の一以上《いじょう》をしめる農山漁村女性は、農業《のうぎょう》生産《せいさん》、土地の保全《ほぜん》と管理《かんり》など重要《じゅうよう》な役割をになっている。その女性たちの地位が低《ひく》く、貧困であることは、フェアとはいえないよ。

たんじょう日

フリードリヒ・ニーチェ（哲学者《てつがくしゃ》・ドイツ・1844年）／**オスカー・ワイルド**（作家・イギリス・1854年）／**エドウィン・ライシャワー**（歴史家《れきしか》、外交官《がいこうかん》・アメリカ・1910年）

たんじょう花と花ことば

シュウメイギク／うすれゆく愛《あい》

豆クイズ

グリニッジ天文台のあるイギリスのロンドンではお昼の十二時、そのとき日本は何時かな？

① 夜中の十二時
② 明け方の三時
③ 夜の九時

答えは下にあるよ

答え：③ 日本とイギリスの時差《じさ》は9時間。日本時間は、イギリスのロンドンよりも9時間先にすすんでいる

16日

世界食料《せかいしょくりょう》デー　開発《かいはつ》途上国《とじょうこく》などでの食料不足《しょくりょうぶそく》や栄養失調《えいようしっちょう》、飢《き》餓《が》について考える日。一九四五年のこの日に、国際連合食糧農《こくさいれんごうしょくりょうのう》業機関《ぎょうきかん》（ＦＡＯ《エフエーオー》）が設立《せつりつ》されたことを記念《きねん》して、一九八一年に制定《せいてい》されたよ。

たんじょう日

ノーア・ウェブスター（辞書編集者《じしょへんしゅうしゃ》・アメリカ・1758年）／**ユージン・オニール**（劇作家《げきさっか》・アメリカ・1888年）／**ギュンター・グラス**（作家・ドイツ・1927年）

たんじょう花と花ことば

ニシキギ／あなたの魅力《みりょく》を心にきざむ

17日

貧困撲滅《ひんこんぼくめつ》のための国際《こくさい》デー　世界中《せかいじゅう》の国ぐにの貧困をなくすために、一九九二年の国連総会《こくれんそうかい》で国際デーとして制定されたよ。

上水道の日　一八八七年のこの日、横浜《よこはま》で日本初《にほんはつ》の近代的《きんだいてき》上水道による給水《きゅうすい》がはじまったよ。明治政府《めいじせいふ》から依頼《いらい》されたイギリス人技師《じんぎし》が、衛《えい》生的《せいてき》な上水道の設備《せつび》を完成《かんせい》させたんだ。

たんじょう日

サン・シモン（思想家《しそうか》・フランス・1760年）／**アーサー・ミラー**（劇作家・アメリカ・1915年）／**殿山《とのやま》泰司《たいじ》**（俳優《はいゆう》・1915年）

たんじょう花と花ことば

ミズヒキ／慶事《けいじ》

18日

フラフープ記念日《きねんび》　一九五八年のこの日、フラフープが日本のデパートではじめて発売《はつばい》された。爆発的《ばくはつてき》な人気で、一か月に八十万本も売れたよ。

たんじょう日

広岡浅子《ひろおかあさこ》（実業家《じつぎょうか》・1849年）／**鈴木大拙《すずきだいせつ》**（仏教学者《ぶっきょうがくしゃ》・1870年）／**チャック・ベリー**（ロックミュージシャン、ギタリスト・アメリカ・1926年）／**マルチナ・ナブラチロワ**（テニス選手《せんしゅ》・アメリカ・1956年）

たんじょう花と花ことば

ワタ／繊細《せんさい》

19日

日ソ共同宣言《きょうどうせんげん》　一九五六年のこの日、日本とソ連は国交回復《こっこうかいふく》の共同宣言に調印《ちょういん》。第《だい》二次世界大戦《じせかいたいせん》で絶《た》えていた国交が回復したよ。

ブラックマンデー　一九八七年のこの日は月曜日で、ニューヨーク株式相場《かぶしきそうば》が大暴落《だいぼうらく》したよ。世界恐慌《せかいきょうこう》の引き金となった一九二九年の「暗黒《あんこく》の木曜日」の下落率《げらくりつ》を上回るものだった。

たんじょう日

オーギュスト・リュミエール（発明家《はつめいか》・フランス・1862年）／**鎌倉芳太郎《かまくらよしたろう》**（染織家《せんしょくか》、沖縄文化研究者《おきなわぶんかけんきゅうしゃ》・1898年）／**ピーター・トッシュ**（レゲエミュージシャン・ジャマイカ・1944年）

忌日《きにち》　**土井晩翠《どいばんすい》**

たんじょう花と花ことば

ニガウリ／強壮《きょうそう》

20日

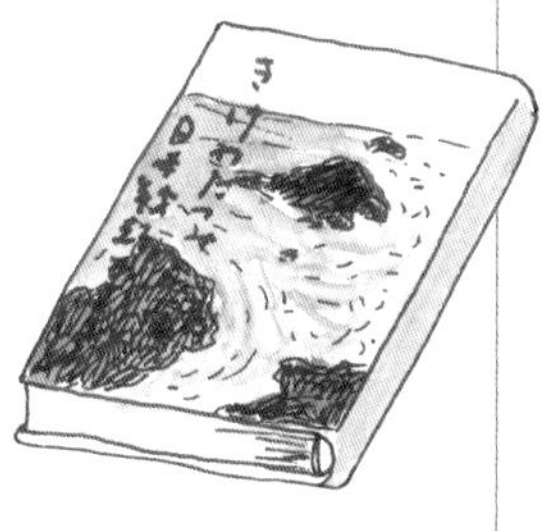

『きけ わだつみのこえ』出版《しゅっぱん》 戦没《せんぼつ》した学生の遺稿集《いこうしゅう》『きけ わだつみのこえ』が出版されたのは、一九四九年のこの日のことだ。戦《せん》場《じょう》で散《ち》った学徒兵《がくとへい》のことばは心にひびくものがあり、現在《げんざい》も読みつがれているんだ。一方で、大学生のエリートばかりの文を集《あつ》めたことに批判《ひはん》もあるよ。「わだつみ」とは、海神《かいじん》のこと。

ごろあわせ記念日

頭髪《とうはつ》の日 頭(10)髪(20)

たんじょう日

アルチュール・ランボー(詩人《しじん》・フランス・1854年)／**九条武子《くじょうたけこ》**(歌人・1887年)／**坂口安吾《さかぐちあんご》**(作家・1906年)／**オトフリート・プロイスラー**(児童文学作家《じどうぶんがくさっか》・ドイツ・1923年)

たんじょう花と花ことば

リンドウ／**正義《せいぎ》**

21日

あかりの日 アメリカの発明家《はつめいか》エジソンが、一八七九年のこの日、白熱電球《はくねつでんきゅう》を完成《かんせい》させたよ。この電球には、日本の竹の繊維《せんい》を炭化《たんか》させたものが使《つか》われたんだ。

国際反戦《こくさいはんせん》デー 一九六六年のこの日、日本のよびかけにより、アメリカ軍《ぐん》のベトナム戦争介入《せんそうかいにゅう》に反対《はんたい》する集会《しゅうかい》が、世界各地《せかいかくち》でひらかれたよ。ベトナム戦争終結後《せんそうしゅうけつご》は、世界平和実現《せかいへいわじつげん》のための行動《こうどう》の日となった。

たんじょう日

徳川吉宗《とくがわよしむね》(将軍《しょうぐん》・1684年)／**アルフレッド・ノーベル**(化学者《かがくしゃ》・スウェーデン・1833年)／**江戸川乱歩《えどがわらんぽ》**(作家・1894年)

たんじょう花と花ことば

ムラサキシキブ／**聡明《そうめい》**

22日

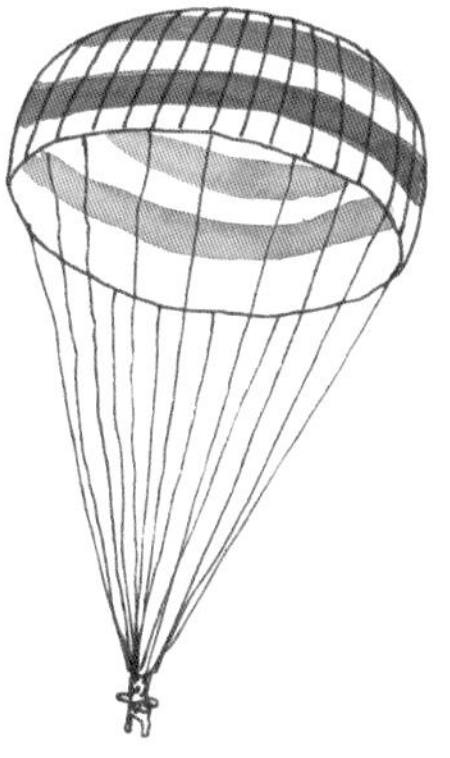

パラシュートの日 フランスのガルヌランが世界初《せかいはつ》のパラシュート降下《こうか》をしたのは、一七九七年のこの日のことだよ。このパラシュートは、直径《ちょっけい》七メートルの布製《ぬのせい》のかさにゴンドラをつけたもの。これを気球《ききゅう》の下につけて高度《こうど》九〇〇メートルまで浮上《ふじょう》したのち、つなを切って気球から降下したんだ。

たんじょう日

フランツ・リスト(ピアニスト、作曲家《さっきょくか》・ハンガリー・1811年)／**ロバート・キャパ**(写真家《しゃしんか》・ハンガリー・1913年)／**イチロー**(野球選手《やきゅうせんしゅ》・1973年)

忌日 **中原中也《なかはらちゅうや》**

たんじょう花と花ことば

ミセバヤ／**静穏《せいおん》**

23日

電信電話記念日《でんしんでんわきねんび》 一八六九年九月十九日、東京〜横浜間《よこはまかん》の電信線《でんしんせん》の建設工事《けんせつこうじ》がはじまった。その日を新暦《しんれき》に直《なお》して、記念日としたよ。➡2／1、12／16

新潟県中越地震《にいがたけんちゅうえつじしん》 二〇〇四年のこの日、新潟県中越地方を中心に、大きな地震がおこったんだ。マグニチュード六・八で、最大震度《さいだいしんど》七。死者《ししゃ》は六十八人。電気、水道、ガスなどが使《つか》えなくなり、十万人以上《いじょう》が避難生活《ひなんせいかつ》をよぎなくされた。

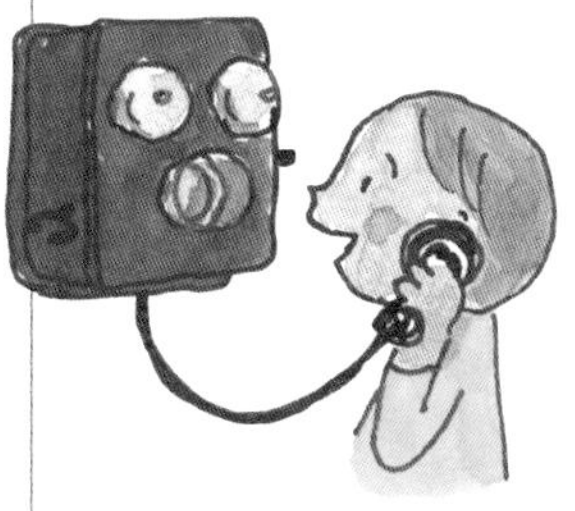

たんじょう日

華岡青洲《はなおかせいしゅう》(医師《いし》・1760年)／**土井晩翠《どいばんすい》**(詩人・1871年)／**ペレ**(サッカー選手《せんしゅ》・ブラジル・1940年)

たんじょう花と花ことば

アケビ／**才能《さいのう》**

24日

国連《こくれん》デー 世界平和《せかいへいわ》を維持《いじ》するため、一九二〇年に設立《せつりつ》された国際連盟《こくさいれんめい》は、第《だい》二次《じ》世界大戦《せかいたいせん》で崩壊《ほうかい》したんだ。終戦《しゅうせん》の年の一九四五年のこの日、国際連合憲章《こくさいれんごうけんしょう》が発効《はっこう》し、同じ目《もく》的《てき》の国際連合《こくさいれんごう》（国連）が成立《せいりつ》したよ（➡4／25）。日本の加盟《かめい》は、ソ連《れん》と国交《こっこう》を回復《かいふく》した一九五六年（➡10／19、12／18）。

ごろあわせ記念日

文鳥《ぶんちょう》の日 手（テン=10）に（2）し（4）あわせ

たんじょう日

アントニー・ファン・レーウェンフック（博物学者《はくぶつがくしゃ》・オランダ・1632年）／**山本鼎《やまもとかなえ》**（洋画家《ようがか》、教育者《きょういくしゃ》・1882年）／**奥《おく》むめお**（社会運動家《しゃかいうんどうか》・1895年）

たんじょう花と花ことば

クリ／わたしを公平《こうへい》にせよ

25日

民間航空初飛行《みんかんこうくうはつひこう》 日本航空《にほんこうくう》が、戦後初《せんごはつ》の民間航空会社として設立され、一九五一年のこの日、一番機《ばんき》「もく星号《せいごう》」が東京～大阪《おおさか》～福岡間《ふくおかかん》を飛《と》んだよ。

コアラ日本に到着《とうちゃく》 一九八四年のこの日、オーストラリアから六頭のコアラが日本にやってきたよ。東京の多摩動物公園《たまどうぶつこうえん》、愛知《あいち》の東山動植物園《ひがしやまどうしょくぶつえん》、鹿《か》児島《ごしま》の平川動物公園《ひらかわどうぶつこうえん》で、二頭ずつ育《そだ》てられることになったんだ。

たんじょう日

ヨハン・シュトラウス二世《せい》（作曲家《さっきょくか》・オーストリア・1825年）／**徳冨蘆花《とくとみろか》**（作家・1868年）／**パブロ・ピカソ**（画家・スペイン・1881年）／**土門拳《どもんけん》**（写真家《しゃしんか》・1909年）

たんじょう花と花ことば

ウイキョウ／よいかおり

26日

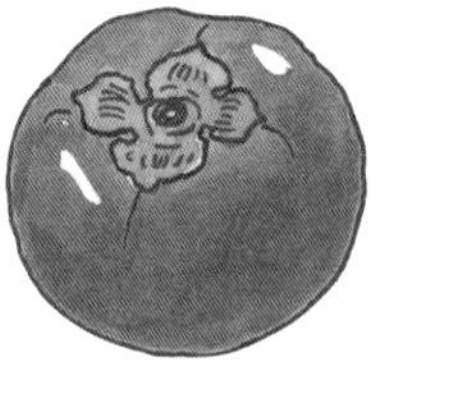

柿《かき》の日 正岡子規《まさおかしき》が、一八九五年のこの日からでかけた奈良旅行《ならりょこう》で、「柿くへ（え）ば鐘《かね》が鳴《な》るなり法隆寺《ほうりゅうじ》」の句《く》をよんだとされているよ。

ごろあわせ記念日

どぶろくの日 日本の伝統的《でんとうてき》なお酒《さけ》 ど（10）ぶ（2）ろく（6）から／**デニムの日** デ（10）ニ（2）ム（6）

たんじょう日

伊東忠太《いとうちゅうた》（建築家《けんちくか》・1867年）／**松田道雄《まつだみちお》**（医師《いし》・1908年）／**織田作之助《おださくのすけ》**（作家・1913年）

たんじょう花と花ことば

クサギ／運命《うんめい》

27日

文字・活字文化《かつじぶんか》の日 この日から十一月九日までは、「読書の力で平和な文《ぶん》化《か》国家《こっか》をつくろう」という読書週間《どくしょしゅうかん》。読書の秋、何さつ読めるかな。

テディベアの日 「テディベア」は、狩《か》りのとき、くまを助《たす》けた第《だい》二十六代《だい》アメリカ大統領《だいとうりょう》セオドア・ローズベルトの愛称《あいしょう》「テディ」が由来《ゆらい》。一八五八年のこの日は大統領の誕生日《たんじょうび》で、一九九八年に日本テディベア協会《きょうかい》が制定《せいてい》したよ。

テディベア

たんじょう日

ジェイムズ・クック（航海者《こうかいしゃ》・イギリス・1728年）／**アイザック・シンガー**（発明家《はつめいか》・アメリカ・1811年）

たんじょう花と花ことば

ランタナ／協力《きょうりょく》

28日

パンダが上野動物園に到着《うえのどうぶつえんにとうちゃく》　一九七二年のこの日、二頭のジャイアントパンダ、ランランとカンカンが上野動物園にやってきたよ。中国との国交が正《せい》常化《じょうか》されて、その記念《きねん》に中国政府《ちゅうごくせいふ》からおくられたんだ。パンダのかわいさに日本中がわきかえって大ブームになったよ。➡3/20、9/4、9/25

たんじょう日

嘉納治五郎《かのうじごろう》（柔道家《じゅうどうか》・1860年）／**ビル・ゲイツ**（実業家《じつぎょうか》・アメリカ・1955年）

たんじょう花と花ことば

ワレモコウ／もの思い

29日

日本初《にほんはつ》の宝《たから》くじ発売《はつばい》　一九四五年のこの日、日本ではじめて宝くじが発売されたよ。第二次世界大戦の敗戦後《はいせんご》二か月半ほどのこの時期《じき》、ものがないときだったこともあって大人気になったんだって。一枚《まい》十円、一等賞金《とうしょうきん》は十万円だったよ。戦後復興《せんごふっこう》の費用《ひよう》を集《あつ》めるという目的《もくてき》もあったんだ。

ごろあわせ記念日

おしぼりの日 手（テン=10）ふ（2）く（9）

たんじょう日

エドモンド・ハレー（天文学者《てんもんがくしゃ》・イギリス・1656年）／**ジョン・キーツ**（詩人《しじん》・イギリス・1795年）／**井伊《いい》直弼《なおすけ》**（幕府大老《ばくふたいろう》・大名・1815年）／**高畑勲《たかはたいさお》**（映画監督《えいがかんとく》・1935年）

たんじょう花と花ことば

イチョウ／長寿《ちょうじゅ》

30日

ニュースパニックデー　一九三八年のこの日、アメリカのCBS《シービーエス》ラジオから「火星人が地球《ちきゅう》に襲来《しゅうらい》」と臨時《りんじ》ニュースが流《なが》れ、アメリカ中は大パニック。でもこれは、ラジオドラマの演出《えんしゅつ》だったんだ。ラジオがおもな情報源《じょうほうげん》だった時代《じだい》、このさわぎをおこしたのは、のちに俳優《はいゆう》や映画監督《えいがかんとく》として活躍《かつやく》したオーソン・ウェルズだよ。

たんじょう日

ルイ・マル（映画監督・フランス・1932年）／**アゴタ・クリストフ**（作家・ハンガリー・1935年）

忌日《きにち》　**尾崎紅葉《おざきこうよう》**

たんじょう花と花ことば

リンゴ／誘惑《ゆうわく》

31日

ハロウィン　もとは古代《こだい》アイルランドのドルイド教《きょう》の風習《ふうしゅう》といわれているよ。アイルランドの古代ケルト暦《れき》ではこの日は大みそか。死者《ししゃ》の霊《れい》や魔女《まじょ》が家にもどってくる日とされていて、魔《ま》よけのために戸口で仮面《かめん》をかぶったり、たき火をしたりしたんだって。仮装《かそう》をして家いえの戸口で「トリック・オア・トリート」という習慣《しゅうかん》は、そこからきたもの。

ごろあわせ記念日

天才の日 天（テン=10）才（31）

たんじょう日

ヨハネス・フェルメール（画家・オランダ・1632年）／**マリー・ローランサン**（画家・フランス・1883年）／**蒋介石《しょうかいせき》**（政治家《せいじか》・中国・1887年）

たんじょう花と花ことば

ロベリア／謙遜《けんそん》

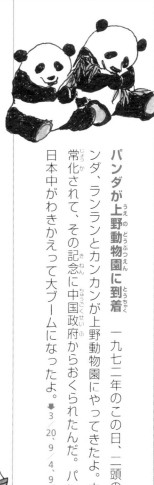

11月

霜《しも》月《つき》

11月のたんじょう石：トパーズ

宝石《ほうせき》ことば：友愛《ゆうあい》

11月の祝日《しゅくじつ》：文化《ぶんか》の日（3日）

勤労感謝《きんろうかんしゃ》の日（23日）

11月の色：黄色

1日

死者《ししゃ》の日　メキシコの祝日《しゅくじつ》。この日は、家族《かぞく》や友人が集《あつ》まって故人《こじん》への思いを語り合うんだ。日本のお盆《ぼん》みたいだね。チョコレートやお酒《さけ》をおそなえして、マリーゴールドの花をかざるよ。

灯台記念日《とうだいきねんび》　一八六八年のこの日、東京湾《とうきょうわん》の入り口、神奈川県《かながわけん》の観音崎《かんのんざき》で日本初《にほんはつ》の西洋式《せいようしき》灯台の建設工事《けんせつこうじ》がはじまったよ。

ごろあわせ記念日

犬の日 ワン(1)ワン(1)ワン(1)

たんじょう日

中江兆民《なかえちょうみん》(思想家《しそうか》・1847年)／**萩原朔太郎《はぎわらさくたろう》**(詩人《しじん》・1886年)／**佐治敬三《さじけいぞう》**(実業家《じつぎょうか》・1919年)

たんじょう花と花ことば

ソバ／あなたを救《すく》う

2日

ジャーナリストへの犯罪不処罰《はんざいふしょばつ》をなくす国際《こくさい》デー　ジャーナリストが、仕事中《しごとちゅう》に暴力《ぼうりょく》や脅迫《きょうはく》を受《う》けたり殺害《さつがい》されたりする事件《じけん》が世界中《せかいじゅう》で増《ふ》えているんだ。それなのに、危害《きがい》をくわえた犯人《はんにん》が捜査《そうさ》されなかったり、処罰《しょばつ》をまぬがれていたりする現状《げんじょう》がある。この問題《もんだい》にたいする意識《いしき》を高めようとよびかける日だよ。国連《こくれん》で制定《せいてい》されたのは、二〇一三年。

たんじょう日

ジャン・シメオン・シャルダン(画家・フランス・1699年)／**マリー・アントワネット**(王妃《おうひ》・フランス・1755年)／**岸田國士《きしだくにお》**(劇作家《げきさっか》・1890年)

忌日《きにち》　**北原白秋《きたはらはくしゅう》**

たんじょう花と花ことば

セイタカアワダチソウ／生命力《せいめいりょく》

3日

文化《ぶんか》の日　「自由《じゆう》と平和《へいわ》を愛《あい》し、文化をすすめる日」で、国民《こくみん》の祝日。一九四六年の日本国憲法公布《にほんこくけんぽうこうふ》を記念《きねん》した日だよ。この日にちなんで制定された記念日《きねんび》も多いんだ。レコードの日、文具《ぶんぐ》の日、まんがの日などがそうだよ。皇居《こうきょ》では文化勲章《ぶんかくんしょう》の親授式《しんじゅしき》がおこなわれる。文化の日は明治天皇《めいじてんのう》の誕生日《たんじょうび》でもあるんだ。

たんじょう日

田中正造《たなかしょうぞう》(社会運動家《しゃかいうんどうか》・1841年)／**山川菊栄《やまかわきくえ》**(評論家《ひょうろんか》・1890年)／**アンドレ・マルロー**(作家・フランス・1901年)／**手塚治虫《てづかおさむ》**(まんが家・1928年)

たんじょう花と花ことば

キク／清浄《せいじょう》

4日

ユネスコ憲章記念日《けんしょうきねんび》　一九四六年のこの日に、ユネスコ憲章が発効《はっこう》して、国連教育科学文化機関《こくれんきょういくかがくぶんかきかん》(ユネスコ)が設立《せつりつ》されたんだ。ユネスコは、教育《きょういく》、科学《かがく》、文化の発展《はってん》と推進《すいしん》を目的《もくてき》とした専門機関《せんもんきかん》で、これを記念した日だよ。識字率《しきじりつ》の向上《こうじょう》や義務教育《ぎむきょういく》の普及《ふきゅう》のための活動《かつどう》、世界《せかい》遺産《いさん》の登録《とうろく》と保護《ほご》などの事業《じぎょう》をおこなっているんだ。

ユネスコのマーク

たんじょう日

隠元《いんげん》(僧侶《そうりょ》・中国・1592年)／**泉鏡花《いずみきょうか》**(作家・1873年)／**小松方正《こまつほうせい》**(俳優《はいゆう》・1926年)／**ロバート・メイプルソープ**(写真家《しゃしんか》・アメリカ・1946年)

たんじょう花と花ことば

サフラン／歓喜《かんき》

5日

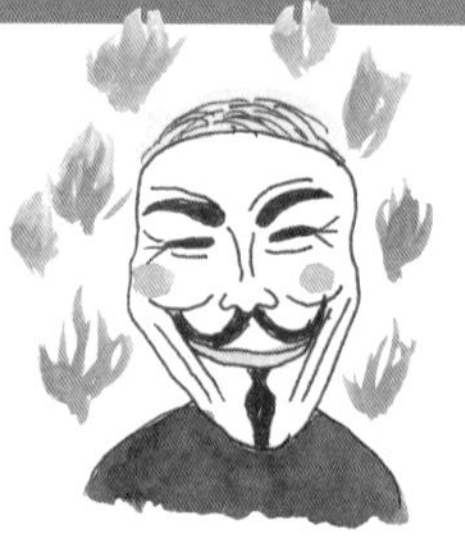

ガイ・フォークスの仮面《かめん》

ガイ・フォークス・デー　一六〇五年のこの日におきた「火薬陰謀《かやくいんぼう》事件《じけん》」の犯人《はんにん》ガイ・フォークスに由来《ゆらい》する、イギリスのお祭《まつ》り。花火をあげ、かがり火をたき、フォークスの人形も燃《も》やすんだって。

ツタンカーメン王の墓発見《はかはっけん》　一九二二年のこの日、発掘調査《はっくつちょうさ》をしていた考古学者《こうこがくしゃ》が、少年王ツタンカーメンの墓を発見したよ。↓2／17

ごろあわせ記念日

いいりんごの日

たんじょう日

レイモンド・ローウィ（デザイナー・アメリカ・1893年）／**入江泰吉《いりえたいきち》**（写《しゃ》真家《しんか》・1905年）／**サム・シェパード**（俳優《はいゆう》、劇作家《げきさっか》・アメリカ・1943年）

たんじょう花と花ことば

コルチカム／**華美《かび》**

6日

日本ではじめてのアパートができる　東京の上野に、日本初《にほんはつ》の木造《もくぞう》アパートが完成《かんせい》したよ。一九一〇年のこの日のことだ。五階《かいだ》建て七十室の洋風《ようふう》の建物《たてもの》で、「上野倶楽部《うえのくらぶ》」という名前だったんだって。

たんじょう日

ジョン・フィリップ・スーザ（作曲《さっきょく》家《か》・アメリカ・1854年）／**藤原《ふじわら》てい**（作家・1918年）／**マイク・ニコルズ**（映画監督《えいがかんとく》・アメリカ・1931年）

たんじょう花と花ことば

サネカズラ／**再会《さいかい》**

7日

ソ連《れん》の国旗《こっき》には、労働者《ろうどうしゃ》をイメージさせる槌《つち》と鎌《かま》がえがかれている

ロシア革命《かくめい》おこる　一九一七年のこの日、ロシア革命がおこったんだ。レーニンが労働者《ろうどうしゃ》や農民《のうみん》をひきいて、首都《しゅと》ペトログラード（いまのサンクトペテルブルグ）で、帝政《ていせい》ロシアとたたかってたおしたよ。これによって、世界初《せかいはつ》の社会主義《しゃかいしゅぎ》政権《せいけん》、ソビエト社会主義共和《しゃかいしゅぎきょうわ》国連邦《こくれんぼう》（ソ連《れん》、いまのロシア）が誕生《たんじょう》したんだ。

たんじょう日

マリー・キュリー（物理学者《ぶつりがくしゃ》・ポーランド・1867年）／**久保田万太郎《くぼたまんたろう》**（作家・1889年）／**アルベール・カミュ**（作家・フランス・1913年）

たんじょう花と花ことば

ムベ／**愛嬌《あいきょう》**

8日

レントゲンの日　一八九五年のこの日、ドイツの物理学者《ぶつりがくしゃ》レントゲンが、X線《エックスせん》を発見したよ。実験中《じっけんちゅう》に新《あたら》しい光線を発見し、「正体がわからない」ので「X線」と名づけたんだ。物質《ぶっしつ》の内部《ないぶ》を通りぬけるこの放射線《ほうしゃせん》は、体を切らずに体内のようすがわかることから、医療《いりょう》に飛躍的《ひやくてき》な発展《はってん》をもたらした。

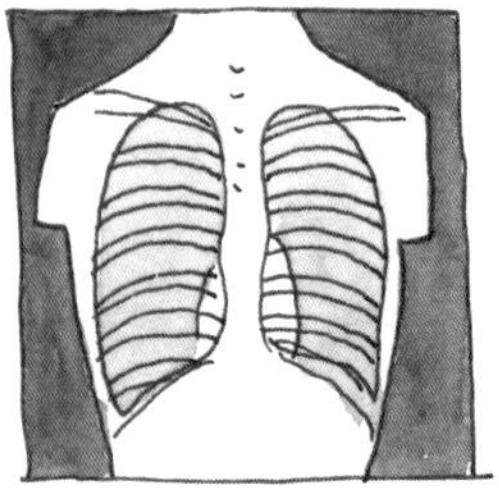

ごろあわせ記念日

刃物《はもの》の日 いい（11）刃（8）物／**いい歯《は》の日**

たんじょう日

ヘルマン・ロールシャッハ（精神医《せいしんい》学者《がくしゃ》・スイス・1884年）／**マーガレット・ミッチェル**（作家・アメリカ・1900年）／**クリスチャン・バーナード**（医師《いし》・南アフリカ・1922年）／**寺村輝夫《てらむらてるお》**（児童文学作家《じどうぶんがくさっか》・1928年）

たんじょう花と花ことば

ウメモドキ／**明朗《めいろう》**

9日

ベルリンの壁《かべ》を
こわす市民《しみん》たち

太陽暦《たいようれき》の採用《さいよう》きまる　一八七二年のこの日、明治政府《めいじせいふ》が太陽暦（新暦《しんれき》）の採用《さいよう》を布告《ふこく》したよ。それまでは太陰暦《たいいんれき》（旧暦《きゅうれき》）を使《つか》っていたけれど、開国《かいこく》して外国とのやりとりに不便《ふべん》が生《しょう》じたため。⬇12/3

ベルリンの壁崩壊《かべほうかい》　一九八九年のこの日、東西ドイツをわける「ベルリンの壁」を市民《しみん》たちが破壊《はかい》。翌年《よくねん》ドイツは再統一《さいとういつ》されたよ。⬇5/23、8/13、10/3

ごろあわせ記念日

119番の日／**換気《かんき》の日**　いい（11）空（9）気

たんじょう日

イワン・ツルゲーネフ（作家・ロシア・1818年）／**野口英世《のぐちひでよ》**（細菌学《さいきんがく》者《しゃ》・1876年）／**ヘディ・ラマー**（発《はつ》明家《めいか》、俳優・アメリカ・1914年）

たんじょう花と花ことば

ジュズダマ／**祈《いの》り**

10日

エレベーターの日　東京の浅草《あさくさ》に十二階建ての娯楽《ごらく》用《よう》の建物「凌雲閣《りょううんかく》」ができ、日本ではじめてのエレベーターが設置《せっち》されたよ。一八九〇年のこの日のこと。上《じょう》階《かい》は望遠鏡《ぼうえんきょう》をそなえた展望台《てんぼうだい》になっていて、ながめを楽しむことができたんだって。

ごろあわせ記念日

トイレの日　いい（11）トイレ（10）

たんじょう日

マルティン・ルター（宗教改革《しゅうきょうかいかく》者《しゃ》・ドイツ・1483年）／**フリードリヒ・フォン・シラー**（詩人《しじん》・ドイツ・1759年）／**ヘンリー・バン・ダイク**（作家、教育者《きょういくしゃ》・アメリカ・1852年）

たんじょう花と花ことば

モミジ／**遠慮《えんりょ》**

11日

第《だい》一次世界大戦《じせかいたいせん》おわる　一九一八年のこの日、第一次世界大戦がおわったんだ（⬇7/28）。翌年《よくねん》の一月からパリで、連合《れんごう》国《こく》による講和会議《こうわかいぎ》がひらかれ、敗北《はいぼく》したドイツのあつかいがきまった。六月には「ベルサイユ条約《じょうやく》」に双方《そうほう》が調印《ちょういん》。この条約によって、一九二〇年に「国際連盟《こくさいれんめい》」が発足《ほっそく》したよ。

ごろあわせ記念日

電池の日　十一が電池のプラスとマイナス（＋－）に見える／**ピーナッツの日**　落花生《らっかせい》はひとつのからに2つの実《み》がはいっていて、11がならぶこの日がえらばれた

たんじょう日

フョードル・ドストエフスキー（作家・ロシア・1821年）／**アントワーヌ・メイエ**（言語学者《げんごがくしゃ》・フランス・1866年）／**カート・ボネガット**（作家・アメリカ・1922年）／**大庭《おおば》みな子《こ》**（作家・1930年）

たんじょう花と花ことば

カラスウリ／**よき便《たよ》り**

豆クイズ

太陽暦《たいようれき》は太陽のめぐりをもとにつくられているけれど、では太陰暦《たいいんれき》はなんのめぐりをもとにつくられている？

① 月
② 星座《せいざ》
③ 天の川

答えは下にあるよ

答え：① 月のめぐりをもとにつくられるから、日づけと月齢《げつれい》がおなじだよ。15日は満月《まんげつ》になるんだ

12日

洋服記念日《ようふくきねんび》　一八七二年のこの日に、太政官布告《だじょうかんふこく》が発布《はっぷ》されたよ。「礼服《れいふく》ニ八洋服ヲ採用《さいよう》ス」という内容《ないよう》で、礼服には洋装《ようそう》が義務《ぎむ》づけられたんだ。それまでの和装《わそう》の礼服は廃止《はいし》されたよ。

ごろあわせ記念日

皮膚《ひふ》の日 いい(11)ひふ(12)

たんじょう日

ジャック・シャルル(物理学者《ぶつりがくしゃ》、化学者《かがくしゃ》・フランス・1746年)／**オーギュスト・ロダン**(彫刻家《ちょうこくか》・フランス・1840年)／**ミヒャエル・エンデ**(作家・ドイツ・1929年)

たんじょう花と花ことば

ダイモンジソウ／**不調和《ふちょうわ》**

13日

ヤンバルクイナ発見《はっけん》　沖縄本島北部《おきなわほんとうほくぶ》で新種《しんしゅ》の鳥が発見されたよ。この鳥は、空を飛《と》べないことがわかった。みつかった地域《ちいき》は「山原《やんばる》」とよばれていたことから、「ヤンバルクイナ」と名づけられ、一九八一年のこの日に発表《はっぴょう》されたんだ。日本で新種の鳥が発見されたのはノグチゲラ以降《いこう》、九十四年ぶりのこと。翌年《よくねん》には国の天然記念物《てんねんきねんぶつ》に指定《してい》されたよ。

ヤンバルクイナ

たんじょう日

アウレリウス・アウグスティヌス(神学者《しんがくしゃ》・北アフリカ・354年)／**ロバート・ルイス・スティーブンソン**(作家・イギリス・1850年)／**三淵《みぶち》嘉子《よしこ》**(裁判長《さいばんちょう》、弁護士《べんごし》・1914年)

たんじょう花と花ことば

サルトリイバラ／**元気になる**

14日

倉敷天文台《くらしきてんもんだい》

本田実《ほんだみのる》がすい星《せい》を発見　一九四七年のこの日、岡山県《おかやまけん》の倉敷《くらしき》天文台《てんもんだい》で、天体観測者《てんたいかんそくしゃ》の本田実が新しいすい星を発見したよ。第《だい》二次《じ》世界大戦後《せかいたいせんご》はじめて日本人が発見したすい星で、「本田すい星」と名づけられた。天体観測を独学《どくがく》で勉強《べんきょう》した本田は、自作の望遠鏡《ぼうえんきょう》で観測《かんそく》をしたんだ。

ごろあわせ記念日

いい石の日

たんじょう日

貝原益軒《かいばらえきけん》(儒学者《じゅがくしゃ》・1630年)／**クロード・モネ**(画家・フランス・1840年)／**ジャワハルラール・ネルー**(政治家《せいじか》・インド・1889年)／**アストリッド・リンドグレーン**(児童《じどう》文学作家《ぶんがくさっか》・スウェーデン・1907年)

たんじょう花と花ことば

ノジギク／**真実《しんじつ》**

15日

七五三《しちごさん》　三才と七才の女の子、三才と五才の男の子の成長《せいちょう》をお祝《いわ》いする日だ。晴《は》れ着《ぎ》を着《き》て、家族《かぞく》とともに神社《じんじゃ》にもうでる習慣《しゅうかん》があるよ。江戸時代《えどじだい》からつたわる、人生の節目《ふしめ》を祝《いわ》う儀礼《ぎれい》なんだ。長細い千歳飴《ちとせあめ》は、長寿《ちょうじゅ》をねがう意味《いみ》があるんだって。

たんじょう日

ウィリアム・ハーシェル(天文学者《てんもんがくしゃ》・イギリス・1738年)／**坂本龍馬《さかもとりょうま》**(志士《しし》、政治家・1835年)／**野尻抱影《のじりほうえい》**(随筆家《ずいひつか》・1885年)／**原民喜《はらたみき》**(作家・1905年)

たんじょう花と花ことば

ポポー／**健康《けんこう》**

16日

日本初《にほんはつ》の幼稚園《ようちえん》できる　一八七六年のこの日、「東京女子師範《とうきょうじょししはん》学校附属幼稚園《がっこうふぞくようちえん》」が開園《かいえん》したよ。いまの「お茶《ちゃ》の水女子大学附《みずじょしだいがくふ》属幼稚園《ぞくようちえん》」だよ。

ごろあわせ記念日

いいいろの日／自然薯《じねんじょ》の日　いい(11)いも(6が「も」の字ににている)

たんじょう日

北村透谷《きたむらとうこく》(詩人《しじん》·1868年)／**中西《なかにし》悟堂《ごどう》**(歌人·1895年)／**安藤鶴夫《あんどうつるお》**(作家·1908年)／**まど·みちお**(詩人·1909年)

たんじょう花と花ことば

ハゼノキ／まごころ

17日

将棋《しょうぎ》の日　八代《だい》将軍徳川吉宗《しょうぐんとくがわよしむね》が、この日を「お城将棋《しろしょうぎ》の日」としたよ。

スエズ運河開通《うんがかいつう》　一八六九年のこの日、エジプトにスエズ運河が開通したよ。スエズ運河は、ヨーロッパとアジアをつなぐ航路《こうろ》。全長約《ぜんちょうやく》一九三キロメートルで、幅《はば》は最大《さいだい》二〇〇メートルをこえる、世界最大《せかいさいだい》の海洋運河《かいよううんが》なんだ。フランスの外交官《がいこうかん》が着工《ちゃっこう》して、十年かけて開通させたんだって。

たんじょう日

坂口謹一郎《さかぐちきんいちろう》(応用微生物学者《おうようびせいぶつがくしゃ》·1897年)／**イサム·ノグチ**(彫刻家《ちょうこくか》·アメリカ·1904年)／**本田宗一郎《ほんだそういちろう》**(実業家《じつぎょうか》·1906年)

たんじょう花と花ことば

ツタ／誠実《せいじつ》

18日

世界初《せかいはつ》の国際女子《こくさいじょし》マラソン　一九七九年のこの日、初の国際女子マラソンが東京で開催《かいさい》されたよ。これをきっかけに、女子マラソンは五年後にオリンピックの正式種目《せいしきしゅもく》となったんだ。⬇4/16

ごろあわせ記念日

土木の日　「土木」を分解《ぶんかい》すると「十一」「十八」になる

たんじょう日

ヘンリー·ローリー·ビショップ(作曲家·イギリス·1786年)／**深尾須磨子《ふかおすまこ》**(詩人·1888年)／**ミッキーマウス**(アニメーションのキャラクター·アメリカ·1928年)

たんじょう花と花ことば

コナラ／勇気《ゆうき》

19日

リンカーンがゲティスバーグで演説《えんぜつ》　「人民《じんみん》の人民による人民のための政治《せいじ》」という演説は、南北戦争中《なんぼくせんそうちゅう》の一八六三年のこの日、アメリカのゲティスバーグにある国立戦没者墓地《こくりつせんぼつしゃぼち》でおこなわれたよ。⬇4/14

鉄道電化《てつどうでんか》の日　一九五六年のこの日、東海道本線《とうかいどうほんせん》が全線電化《ぜんせんでんか》されたよ。それまでは、一部《いちぶ》の区間《くかん》でまだ蒸気機関車《じょうききかんしゃ》が走っていたんだ。

演説《えんぜつ》をするリンカーン

たんじょう日

カール·マリア·フォン·ウェーバー(作曲家《さっきょくか》·ドイツ·1786年)／**江上《えがみ》トミ**(料理研究家《りょうりけんきゅうか》·1899年)

忌日《きにち》　小林一茶《こばやしいっさ》

たんじょう花と花ことば

ワレモコウ／変化《へんか》

20日

ピザ・マルゲリータ

世界《せかい》子どもの日　国連《こくれん》で、一九五九年のこの日に、「児童《じどう》の権利《けんり》にかんする宣言《せんげん》」が、一九八九年には、「子どもの権利《けんり》条約《じょうやく》」が採択《さいたく》されたよ。初等教育《しょとうきょういく》などを受《う》ける権利《けんり》や虐待《ぎゃくたい》の防止《ぼうし》などがうたわれているんだ。

ピザの日　この日は、ピザの人気メニュー「マルゲリータ」の由来《ゆらい》となった、イタリアのマルゲリータ王妃《おうひ》の誕生日《たんじょうび》だよ。一八五一年うまれ。

たんじょう日

セルマ・ラーゲルレーブ（作家・スウェーデン・1858年）／**尾崎行雄《おざきゆきお》**（政治家《せいじか》・1858年）／**エドウィン・ハッブル**（天文学者《てんもんがくしゃ》・アメリカ・1889年）／**小野竹喬《おのちっきょう》**（日本画家・1889年）

たんじょう花と花ことば

ツワブキ／謙遜《けんそん》

21日

気球《ききゅう》で世界初《せかいはつ》の有人飛行《ゆうじんひこう》　一七八三年のこの日、フランスのパリで二人が乗《の》った熱気球《ねつききゅう》が、飛行《ひこう》に成功《せいこう》したよ。➡8/27

インターネット公開実験開始《こうかいじっけんかいし》　一九六九年のこの日、インターネットの原形《げんけい》ARPANET《アーパネット》の公開実験が、アメリカの四か所の大学をむすんで開始されたよ。

ごろあわせ記念日

かきフライの日　かきの旬《しゅん》が11月であるのと、フ(2)ライ(1)から

たんじょう日

ボルテール（作家・フランス・1694年）／**荒木田久老《あらきだひさおゆ》**（国学者《こくがくしゃ》・1747年）／**ルネ・マグリット**（画家・ベルギー・1898年）

忌日《きにち》　**一休宗純《いっきゅうそうじゅん》／會津八一《あいづやいち》**

たんじょう花と花ことば

カリン／可能性《かのうせい》がある

22日

ジョン・F《エフ》・ケネディ

ケネディ大統領《だいとうりょう》が暗殺《あんさつ》された日　アメリカの第《だい》三十五代《だい》大統領ジョン・F《エフ》・ケネディが、テキサス州《しゅう》ダラスでオープンカーに乗《の》ってパレードをしているときに銃《じゅう》でうたれて暗殺されたんだ。一九六三年のこの日のことだよ。ちょうど日本とアメリカをむすぶテレビ中継《ちゅうけい》の実験をしていたため、このようすは日本でも放送《ほうそう》されたんだ。

ごろあわせ記念日

いい夫婦《ふうふ》の日

たんじょう日

ジョージ・エリオット（作家・イギリス・1819年）／**竹内栖鳳《たけうちせいほう》**（日本画家・1864年）

たんじょう花と花ことば

サンショウ／健康《けんこう》

23日

勤労感謝《きんろうかんしゃ》の日　勤労を尊《とうと》び、生産物《せいさんぶつ》の豊《ゆた》かなことを祝《いわ》うための国民《こくみん》の祝日《しゅくじつ》。

富士山《ふじさん》の宝永大噴火《ほうえいだいふんか》　江戸《えど》時代《じだい》の宝永年間《ほうえいねんかん》にあたる一七〇七年のこの日、富士山が噴火《ふんか》したんだ。轟音《ごうおん》をひびかせた噴火は十六日間つづき、大量《たいりょう》の火山灰《かざんばい》や軽石《かるいし》が江戸の町にも、ふりつもったというよ。

たんじょう日

ホセ・クレメンテ・オロスコ（画家・メキシコ・1883年）／**ハーポ・マルクス**（俳優《はいゆう》・アメリカ・1888年）／**白井義男《しらいよしお》**（ボクサー・1923年）

忌日　**樋口一葉《ひぐちいちよう》**

たんじょう花と花ことば

ミカン／清純《せいじゅん》

24日

『種《しゅ》の起《き》源《げん》』出版《しゅっぱん》　イギリスでダーウィンの『種の起源』が出版されたのは、一八五九年のこの日のこと。本のなかでダーウィンは、「生物《せいぶつ》は時間とともに変化《へんか》する進化《しんか》のなかでうまれてきた」と主張《しゅちょう》。

オペラ記念日《きねんび》　一八九四年のこの日、東京音楽学校（いまの東京芸術大学《とうきょうげいじゅつだいがく》）で、戯曲《ぎきょく》『ファウスト』の第《だい》一幕《まく》が上演《じょうえん》されたよ。日本ではじめて上演されたオペラなんだ。

たんじょう日

バールーフ・デ・スピノザ（哲学者《てつがくしゃ》・オランダ・1632年）／**フランシス・バーネット**（作家・イギリス・1849年）／**川合玉堂《かわいぎょくどう》**（日本画家・1873年）

たんじょう花と花ことば

ガマズミ／結合《けつごう》

25日

女性《じょせい》にたいする暴力撤廃《ぼうりょくてっぱい》の国際《こくさい》デー　一九六〇年のこの日、ドミニカで独裁《どくさい》に反対《はんたい》していた姉妹《しまい》が殺《ころ》され、制定《せいてい》された。

三島事件《みしまじけん》おこる　作家の三島由紀夫《みしまゆきお》が、東京の自衛隊市ケ谷駐屯地《じえいたいいちがやちゅうとんち》で、戦後《せんご》の日本をなげく演説《えんぜつ》をしたあと、切腹自殺《せっぷくじさつ》をした。一九七〇年のこの日のこと。

たんじょう日

アンドリュー・カーネギー（実業家《じつぎょうか》・アメリカ・1835年）／**カール・ベンツ**（機械技術者《きかいぎじゅつしゃ》・ドイツ・1844年）／**添田唖蝉坊《そえだあぜんぼう》**（演歌師《えんかし》・1872年）

たんじょう花と花ことば

パンパスグラス／光輝《こうき》

26日

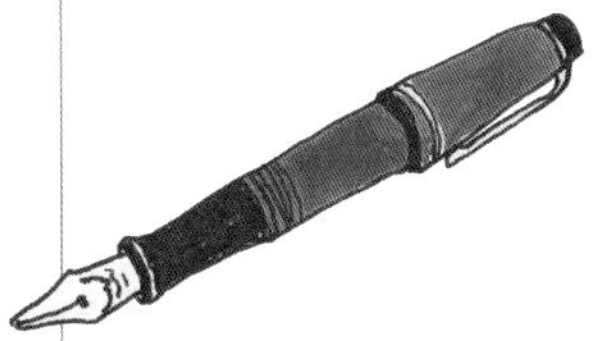

ペンの日　一九三五年のこの日に、文筆家《ぶんぴつか》の友好《ゆうこう》、親睦《しんぼく》、相互理解《そうごりかい》を目的《もくてき》とした集《あつ》まり、日本ペンクラブが創立《そうりつ》されたよ。「PEN《ペン》」は、詩人《しじん》（Poet《ポエット》）と劇作家《げきさっか》（Playwright《プレイライト》）のP《ピー》、随筆《ずいひつ》・評論家《ひょうろんか》（Essayist《エッセイスト》）と編集者《へんしゅうしゃ》（Editor《エディター》）のE《イー》、小説家《しょうせつか》（Novelist《ノベリスト》）のN《エヌ》を意味《いみ》しているんだ。

ごろあわせ記念日

いい風呂《ふろ》の日

たんじょう日

フェルディナン・ド・ソシュール（言語学者《げんごがくしゃ》・スイス・1857年）／**樫尾忠雄《かしおただお》**（技術者、実業家・1917年）／**チャールズ・シュルツ**（まんが家・アメリカ・1922年）

たんじょう花と花ことば

シャコバサボテン／うつくしいながめ

豆クイズ

富士山《ふじさん》の東側《ひがしがわ》の中腹《ちゅうふく》にちょこんとでっぱっている山の名前は？

① 東富士
② 小富士山
③ 宝永山《ほうえいざん》

答えは下にあるよ

答え：③ 宝永大噴火《ほうえいだいふんか》でふりつもった火山弾《かざんだん》や火山灰《かざんばい》でできた山。登山道《とざんどう》があって登《のぼ》れるよ

27日

ノーベル賞《しょう》のメダル

ノーベルが賞創設《しょうそうせつ》の遺言《ゆいごん》に署名《しょめい》　ダイナマイトの発明《はつめい》で大金を得《え》たアルフレッド・ノーベルは、ダイナマイトが戦争《せんそう》にも使《つか》われて人びとの命《いのち》をうばったことに心を痛《いた》めていた。そこで自分の全遺産《ぜんいさん》で基金《ききん》を設立《せつりつ》し、「人《じん》類《るい》の平和《へいわ》と科学《かがく》技術《ぎじゅつ》の進歩《しんぽ》に最大《さいだい》の貢献《こうけん》をした者《もの》」に賞《しょう》をおくるように遺言したんだ。一八九五年のこの日は、その遺言に署名した日。

たんじょう日

藤田嗣治《ふじたつぐはる》（洋画家《ようがか》・1886年）／**松下幸之助《まつしたこうのすけ》**（実業家《じつぎょうか》・1894年）／**ブルース・リー**（俳優《はいゆう》・香港《ホンコン》・1940年）

たんじょう花と花ことば

リュウノヒゲ／かわらぬ想《おも》い

28日

鹿鳴館《ろくめいかん》オープン　一八八三年のこの日、東京の内幸町《うちさいわいちょう》に日本ではじめての洋式《ようしき》社交《しゃこう》クラブ「鹿鳴館」が開館《かいかん》したよ。外国人を歓迎《かんげい》する舞踏会《ぶとうかい》をさかんにおこなって、日本の生活や文化《ぶんか》の近代化《きんだいか》をつたえようとしたんだ。

ごろあわせ記念日

フランスパンの日　いい（11）フ（2）ランスパ（8）ン／**いい地盤《じばん》の日**　いい（11）地盤（28）

たんじょう日

寺田寅彦《てらだとらひこ》（物理学者《ぶつりがくしゃ》・1878年）／**宇野千代《うのちよ》**（作家・1897年）／**向田邦子《むこうだくにこ》**（脚本家《きゃくほんか》、作家・1929年）／**トミー・アンゲラー**（画家、絵本作家・フランス・1931年）

たんじょう花と花ことば

サンダーソニア／祈《いの》り

29日

イスラエルとパレスチナの国旗《こっき》

パレスチナ人民連帯国際《じんみんれんたいこくさい》デー　一九四七年のこの日、国連総会《こくれんそうかい》でパレスチナ分割《ぶんかつ》にかんする決議《けつぎ》が採択《さいたく》されたよ。これはイスラエルとパレスチナの、二国間共存《こくかんきょうぞん》を目指《めざ》すものだった。けれど現在《げんざい》、イスラエルという国はあるのに、パレスチナという国はない。国際デーは、この問題《もんだい》について考える機会《きかい》でもあるよ。

ごろあわせ記念日

いい服《ふく》の日／いい肉《にく》の日

たんじょう日

ルイザ・メイ・オルコット（作家・イギリス・1832年）／**小金井喜美子《こがねいきみこ》**（翻訳家《ほんやくか》、作家・1870年）／**C.S.ルイス**（作家・イギリス・1898年）／**古田足日《ふるたたるひ》**（児童文学作家《じどうぶんがくさっか》・1927年）

たんじょう花と花ことば

チャ／追憶《ついおく》

30日

日本初《にほんはつ》の伝染病研究所設立《でんせんびょうけんきゅうじょせつりつ》　一八九二年のこの日、北里柴三郎《きたさとしばさぶろう》が日本ではじめての伝染病研究所を設立したよ。正式名称《せいしきめいしょう》は「大日本《だいにほん》私立《しりつ》衛生会《えいせいかい》付属《ふぞく》伝染病研究所《でんせんびょうけんきゅうじょ》」。福沢諭吉《ふくざわゆきち》らの支援《しえん》を受《う》けた研究所は、ペスト菌《きん》、赤痢菌《せきりきん》を発見《はっけん》し、大きな功績《こうせき》をあげたんだ。研究所はいま、「東京大学医科学研究所《とうきょうだいがくいかがくけんきゅうじょ》」となっているよ。 ➡8/25

北里柴三郎《きたさとしばさぶろう》

たんじょう日

ジョナサン・スウィフト（作家・アイルランド・1667年）／**マーク・トウェイン**（作家・アメリカ・1835年）／**ルーシー・モード・モンゴメリ**（作家・カナダ・1874年）／**土井《どい》たか子《こ》**（政治家《せいじか》・1928年）

たんじょう花と花ことば

アシ／神《かみ》の信頼《しんらい》

12

月

師走《しわす》

12月のたんじょう石：トルコ石

宝石《ほうせき》ことば：成功《せいこう》

12月の色：黒

1日

エイズへの理解《りかい》と支援《しえん》をしめすレッドリボン

世界《せかい》エイズ・デー　エイズのことをよく知り、予防《よぼう》をよびかける日だよ。エイズ患者《かんじゃ》やHIV《エイチアイブイ》感染《かんせん》者《しゃ》への差別《さべつ》や偏見《へんけん》の解消《かいしょう》が目的《もくてき》。一九八八年に制定《せいてい》された国際《こくさい》デーだ。

映画《えいが》の日　一八九六年十一月二十五日、神戸《こうべ》で日本初《にほんはつ》の映画が公開《こうかい》されたよ。公開中のきりのいい十二月一日を「映画の日」にしようと、映画業界《えいがぎょうかい》が一九五六年にきめたんだ。

たんじょう日

沢庵宗彭《たくあんそうほう》（僧侶《そうりょ》・1573年）／**荻原守衛《おぎわらもりえ》**（彫刻家《ちょうこくか》・1879年）／**藤子《ふじこ》・F・不二雄《ふじお》**（まんが家・1933年）

たんじょう花と花ことば

ドラセナ／幸福《こうふく》

2日

奴隷制度廃止国際《どれいせいどはいしこくさい》デー　国連総会《こくれんそうかい》で「人身売買《じんしんばいばい》および他人《たにん》の売春からの搾取《さくしゅ》の禁止《きんし》にかんする条約《じょうやく》」が採択《さいたく》されたよ。一九四九年のこの日のことだ。

ラオス建国記念日《けんこくきねんび》　一九七五年のこの日、ラオス人民民主共和国《じんみんみんしゅきょうわこく》が成立《せいりつ》したよ。それを記念する日なんだ。

ラオスの国旗《こっき》

たんじょう日

ジョルジュ・スーラ（画家・フランス・1859年）／**谷内六郎《たにうちろくろう》**（画家・1921年）／**マリア・カラス**（ソプラノ歌手・アメリカ・1923年）

たんじょう花と花ことば

ユーカリノキ／思い出

3日

カレンダーの日　日本では、一八七二年のこの日から太陽暦《たいようれき》（新暦《しんれき》）の採用《さいよう》が開始《かいし》されたんだ。そのため、一八七二年の十二月三日は、一八七三年の一月一日になったんだよ。⇒11/9

国際障害者《こくさいしょうがいしゃ》デー　一九八二年のこの日の国連総会で、「障害者にかんする世界行動計画《せかいこうどうけいかく》」が採択されたよ。

ごろあわせ記念日

奇術《きじゅつ》の日　ワン（1）ツー（2）スリー（3）は奇術のかけ声

たんじょう日

津田梅子《つだうめこ》（教育者《きょういくしゃ》・1864年）／**永井荷風《ながいかふう》**（作家・1879年）／**種田山頭火《たねだざんとうか》**（俳人《はいじん》・1882年）／**ジャン・リュック・ゴダール**（映画監督《えいがかんとく》・フランス・1930年）

たんじょう花と花ことば

トキワサンザシ／防衛《ぼうえい》

4日

小石川養生所《こいしかわようじょうしょ》ができる　一七二二年のこの日、江戸幕府《えどばくふ》が江戸の小石川に、まずしい人びとのための無料《むりょう》の医療施設《いりょうしせつ》をつくったよ。八代《だい》将軍《しょうぐん》徳川吉宗《とくがわよしむね》の指示《しじ》によるものなんだ。この施設での治療《ちりょう》は、幕末《ばくまつ》までつづいたそうだよ。

たんじょう日

ライナー・マリア・リルケ（詩人《しじん》、劇作家《げきさっか》・ドイツ・1875年）／**セルゲイ・ブブカ**（陸上競技選手《りくじょうきょうぎせんしゅ》・ウクライナ・1963年）

たんじょう花と花ことば

サザンカ／愛嬌《あいきょう》

5日

経済《けいざい》・社会開発《しゃかいかいはつ》のための国際《こくさい》ボランティア・デー　体の不自由《ふじゆう》な人の介助《かいじょ》、災害地《さいがいち》での救援活動《きゅうえんかつどう》、募金活動《ぼきんかつどう》、途上国《とじょうこく》への技術援助《ぎじゅつえんじょ》や自然保護《しぜんほご》の仕事《しごと》など、ボランティアが活躍《かつやく》する場面《ばめん》は多いんだ。国連《こくれん》では、政府組織《せいふそしき》、NGO《エヌジーオー》、地域社会《ちいきしゃかい》や民間企業《みんかんきぎょう》などのボランティア活動《かつどう》への参加《さんか》をうながそうと、各国《かっこく》によびかけているよ。

たんじょう日

岸田俊子《きしだとしこ》（社会運動家《しゃかいうんどうか》・1863年）／**ウォルト・ディズニー**（映画製作者《えいがせいさくしゃ》・アメリカ・1901年）／**木下恵介《きのしたけいすけ》**（映画監督・1912年）

忌日《きにち》　ウォルフガング・アマデウス・モーツァルト

たんじょう花と花ことば

ポインセチア／わたしは燃《も》えている

6日

大リーガーがやってきた　世界巡業中《せかいじゅんぎょうちゅう》だった、アメリカ大リーグのニューヨーク・ジャイアンツとシカゴ・ホワイトソックスの選手《せんしゅ》たちが来日したよ。一九一三年のこの日のこと。七日には慶応義塾《けいおうぎじゅく》大学野球部《だいがくやきゅうぶ》と模範試合《もはんじあい》をおこない、大リーグチームが十六対《たい》三で勝ったんだ。まだ日本にプロ野球《やきゅう》チームがないころの話だよ。

たんじょう日

ニコラ・ルブラン（化学者《かがくしゃ》・フランス・1742年／**仁科芳雄《にしなよしお》**（物理学者《ぶつりがくしゃ》・1890年）／**鶴田浩二《つるたこうじ》**（俳優《はいゆう》・1924年）

たんじょう花と花ことば

マルメロ／誘惑《ゆうわく》

7日

神戸開港記念日《こうべかいこうきねんび》　一八六七年のこの日、神戸に「兵庫港《ひょうごこう》」が開港したよ。いまの「神戸港《こうべこう》」だ。一八五八年に幕府がアメリカとむすんだ日米修好通商条約《にちべいしゅうこうつうしょうじょうやく》のなかで、箱館《はこだて》（いまの函館《はこだて》）、新潟《にいがた》、横浜《よこはま》、兵庫《ひょうご》、長崎《ながさき》の五港《こう》を開港する約束《やくそく》をしていたんだ。明治《めいじ》になって海外との交流《こうりゅう》がさらに増《ふ》えていくなか、外国への窓口《まどぐち》として港《みなと》の役割《やくわり》は大きかったんだ。⇒6／2、6／28

たんじょう日

西郷隆盛《さいごうたかもり》（政治家《せいじか》・1827年）／**与《よ》謝野晶子《さのあきこ》**（歌人、詩人・1878年）／**郁達夫《いくたっぷ》**（作家・中国・1896年）

たんじょう花と花ことば

シクラメン／遠慮《えんりょ》

8日

事納《ことおさ》め　その年の農事《のうじ》をおえる日。また、新年をむかえる準備《じゅんび》をはじめる日で、地域《ちいき》によっては「事《こと》はじめ」ともいわれるよ。⇒2／8

太平洋戦争《たいへいようせんそう》がはじまった日　一九四一年のこの日、日本軍《にほんぐん》が、ハワイのオアフ島にある真珠湾《しんじゅわん》のアメリカ軍基地《ぐんきち》を奇襲攻撃《きしゅうこうげき》したんだ。これが太平洋戦争のはじまりで、のち四年近くにおよぶ第《だい》二次《じ》世界大戦《せかいたいせん》へと広がっていった。

たんじょう日

ヤン・シベリウス（作曲家《さっきょくか》・フィンランド・1865年）／**ディエゴ・リベラ**（画家・メキシコ・1886年）／**嵐寛寿郎《あらしかんじゅうろう》**（俳優《はいゆう》・1903年）

忌日　ジョン・レノン

たんじょう花と花ことば

カンツバキ／愛嬌《あいきょう》

9日

被爆者健康手帳

原爆被爆者援護法成立《げんばくひばくしゃえんごほうせいりつ》　一九九四年のこの日、「原子爆弾被爆者《げんしばくだんひばくしゃ》にたいする援護《えんご》にかんする法律《ほうりつ》」が成立したよ。被爆者への援護対策《えんごたいさく》を実施《じっし》すること、核兵器廃絶《かくへいきはいぜつ》、平和存続《へいわそんぞく》などの内容《ないよう》をもりこんだ法律なんだ。

たんじょう日

ジョン・ミルトン（詩人《しじん》・イギリス・1608年）／**ジョエル・チャンドラー・ハリス**（民話研究者《みんわけんきゅうしゃ》、ジャーナリスト・アメリカ・1848年）／**濱《はま》田庄司《だしょうじ》**（陶芸家《とうげいか》・1894年）

忌日《きにち》　**夏目漱石《なつめそうせき》**

たんじょう花と花ことば

ハボタン／**祝福《しゅくふく》**

10日

田中正造《たなかしょうぞう》が直訴《じきそ》　一九〇一年のこの日、長年のあいだ足尾銅山《あしおどうざん》の鉱毒事件《こうどくじけん》とたたかってきた田中正造が、被害者《ひがいしゃ》の救済《きゅうさい》をもとめて明治天皇《めいじてんのう》に直訴を試《こころ》みたんだ。直訴は失敗《しっぱい》におわったが、その行動《こうどう》は広く知られることとなった。

三億円事件《おくえんじけん》　一九六八年のこの日、東京で現金輸送車《げんきんゆそうしゃ》から三億円の現金がぬすまれたんだ。犯人《はんにん》はみつからないまま、時効《じこう》になったよ。

田中正造《たなかしょうぞう》

たんじょう日

寺山修司《てらやましゅうじ》（詩人、劇作家《げきさっか》・1935年）／**坂本九《さかもときゅう》**（歌手・1941年）

たんじょう花と花ことば

コニファー／**不変《ふへん》**

11日

「非核三原則《ひかくさんげんそく》」表明《ひょうめい》　佐藤栄作首相《さとうえいさくしゅしょう》が「核兵器《かくへいき》をもたず、つくらず、もちこませず」の「非核三原則」を表明したのは、一九六七年のこの日。当時はアメリカとソ連《れん》（いまのロシア）のあいだの冷戦《れいせん》で、核の脅威《きょうい》が現実《げんじつ》のものとして考えられた時代《じだい》だったんだ。佐藤栄作は、これで、一九七四年にノーベル平和賞《へいわしょう》を受賞《じゅしょう》したよ。

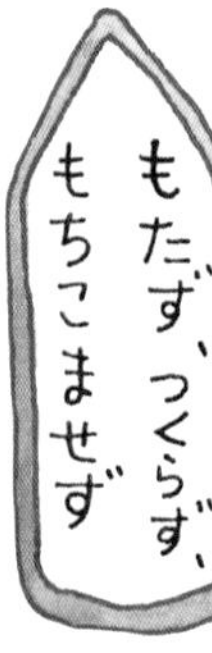

もたず、つくらず、
もちこませず

ごろあわせ記念日

胃腸《いちょう》の日　胃《い》に（12）いい（11）

たんじょう日

小田野直武《おだのなおたけ》（画家・1749年）／**エクトル・ベルリオーズ**（作曲家《さっきょくか》・フランス・1803年）／**ロベルト・コッホ**（医師《いし》、細菌学者《さいきんがくしゃ》・ドイツ・1843年）／**アレクサンドル・ソルジェニーツィン**（作家・ロシア・1918年）

忌日　**沢庵宗彭《たくあんそうほう》**

たんじょう花と花ことば

ストレリチア／**気どった恋《こい》**

12日

児童福祉法公布《じどうふくしほうこうふ》　一九四七年のこの日、「児童福祉法」が公布されたよ。児童（十八才未満《みまん》の男女）についての基本的《きほんてき》で総合的《そうごうてき》な法律《ほうりつ》なんだ。児童相談所《じどうそうだんじょ》や保健所《ほけんじょ》の設置《せっち》、身体障害《しんたいしょうがい》児《じ》の保護《ほご》や母子生活支援施設《ぼしせいかつしえんしせつ》、保育所《ほいくしょ》、養護施設《ようごしせつ》などの設置、十五才未満の児童の就労制限《しゅうろうせいげん》についてさだめられているよ。

ごろあわせ記念日

漢字《かんじ》の日　いい（1）じ（2）いち（1）じ（2）

たんじょう日

ギュスターブ・フロベール（作家・フランス・1821年）／**福沢諭吉《ふくざわゆきち》**（啓蒙思想家《けいもうしそうか》・1834年）／**エドバルド・ムンク**（画家・ノルウェー・1863年）／**木村伊兵衛《きむらいへえ》**（写真家《しゃしんか》・1901年）／**小津安二郎《おづやすじろう》**（映画監督《えいがかんとく》・1903年）

たんじょう花と花ことば

ホウレンソウ／**活力《かつりょく》**

13日

正月事《しょうがつこと》はじめ　お正月をむかえる準備《じゅんび》をはじめる日だ。大そうじや、新年の松《まつ》かざりにするための松をとりにいく「松むかえ」などをするよ。

日本軍《にほんぐん》が南京《ナンキン》を占領《せんりょう》　一九三七年のこの日、日中戦争中《にっちゅうせんそうちゅう》の日本軍は、当時の中国の首都《しゅと》、南京を占領したんだ。占領後の日本軍は一般市民《いっぱんしみん》にたいする暴行《ぼうこう》や虐殺《ぎゃくさつ》、放火《ほうか》などをおこない、多くの犠牲者《ぎせいしゃ》をだした。

たんじょう日

ハインリヒ・ハイネ（詩人・ドイツ・1797年）／**田山花袋《たやまかたい》**（作家・1871年）／**大谷竹次郎《おおたにたけじろう》**（実業家《じつぎょうか》・1877年）

たんじょう花と花ことば

クリスマスローズ／なぐさめ

14日

赤穂浪士《あこうろうし》討《う》ち入《い》りの日　一七〇二年のこの日、大石内蔵助《おおいしくらのすけ》を頭《かしら》とする赤穂浪士四十七人が、江戸《えど》の本所《ほんじょ》にある吉良邸《きらてい》に討ち入りし、主君《しゅくん》、浅野内匠頭長矩《あさのたくみのかみながのり》のあだうちをなしとげた（➡3／14）。浪士をしのんで、いまも東京の高輪《たかなわ》にある泉岳寺《せんがくじ》で「義士祭《ぎしさい》」がおこなわれるんだ。この事件は『忠臣蔵《ちゅうしんぐら》』として、芝居《しばい》や小説《しょうせつ》となっているよ。

討《う》ち入《い》りのときのたいこ

たんじょう日

ミシェル・ド・ノストラダムス（占《せん》星術師《せいじゅつし》、医師《いし》・フランス・1503年）／**阪東妻三郎《ばんどうつまさぶろう》**（俳優《はいゆう》・1901年）／**猪熊弦一郎《いのくまげんいちろう》**（洋画家《ようがか》・1902年）／**ローズマリー・サトクリフ**（作家・イギリス・1920年）

たんじょう花と花ことば

ツルウメモドキ／大器晩成《たいきばんせい》

15日

ジェミニ六号《ごう》と七号

観光《かんこう》バス登場《とうじょう》　東京で遊覧乗合自動車《ゆうらんのりあいじどうしゃ》が営業《えいぎょう》を開始《かいし》したのは、一九二五年のこの日のことだよ。日本ではじめての観光バスの登場《とうじょう》だ。

宇宙船《うちゅうせん》、世界初《せかいはつ》のランデブーに成功《せいこう》　一九六五年のこの日、NASA《ナサ》の宇宙船ジェミニ六号《ごう》と七号がならんで地球《ちきゅう》を三周《しゅう》したんだ。宇宙船がたがいに、おなじ速度《そくど》・軌道《きどう》で接近《せっきん》することを「ランデブー」というよ。

たんじょう日

ギュスターブ・エッフェル（建築家《けんちくか》・フランス・1832年）／**アンリ・ベクレル**（物理学者《ぶつりがくしゃ》・フランス・1852年）／**いわさきちひろ**（絵本作家・1918年）／**谷川俊太郎《たにかわしゅんたろう》**（詩人・1931年）

たんじょう花と花ことば

オキザリス／かがやく心

豆クイズ

日本初《にほんはつ》の観光《かんこう》バス、東京のどんな場所《ばしょ》をめぐったのかな？

① 皇居前《こうきょまえ》→銀座《ぎんざ》→上野《うえの》
② 浅草《あさくさ》→皇居前→新宿《しんじゅく》
③ 渋谷《しぶや》→赤坂《あかさか》→皇居前

答えは下にあるよ

答え：① 当時、いちばんにぎわっていた場所《ばしょ》をめぐったんだね

16日

ボストン茶会事件《ちゃかいじけん》　一七七三年のこの日、まだイギリスの植民地《しょくみんち》だったアメリカのボストンで、船から積《つ》み荷《に》の紅茶《こうちゃ》が海にすてられた。イギリス政府《せいふ》の重税《じゅうぜい》に反発《はんぱつ》したアメリカの人びとがおこした事件だ。

電話事業《でんわじぎょう》はじまる　一八九〇年のこの日、東京〜横浜間《よこはまかん》で、日本ではじめての電話事業が開始《かいし》されたんだ。⬇2/1、10/23

たんじょう日

ルートウィヒ・ファン・ベートーベン（作曲家《さっきょくか》・ドイツ・1770年）／**ジェーン・オースティン**（作家・イギリス・1775年）／**ワシリー・カンディンスキー**（画家・ロシア・1866年）／**尾崎紅葉《おざきこうよう》**（作家・1868年）／**アーサー・C・クラーク**（作家・イギリス・1917年）

たんじょう花と花ことば

ブバルディア／交《まじ》わり

17日

世界初飛行《せかいはつひこう》に成功《せいこう》　一九〇三年のこの日、アメリカの飛行機制作者《ひこうきせいさくしゃ》ライト兄弟が、エンジンつきの飛行機で、十二秒間《びょうかん》、約《やく》四十メートルを飛《と》んだよ。

女性《じょせい》に参政権《さんせいけん》　一九四五年のこの日、日本ではじめて女性に参政権があたえられたよ。明治《めいじ》からつづけられた女性参政権をもとめる運動《うんどう》は、第《だい》二次《じ》世界大戦後《せかいたいせんご》にようやく結実《けつじつ》、普通選挙制度《ふつうせんきょせいど》が確立《かくりつ》されたんだ。⬇3/29、4/10

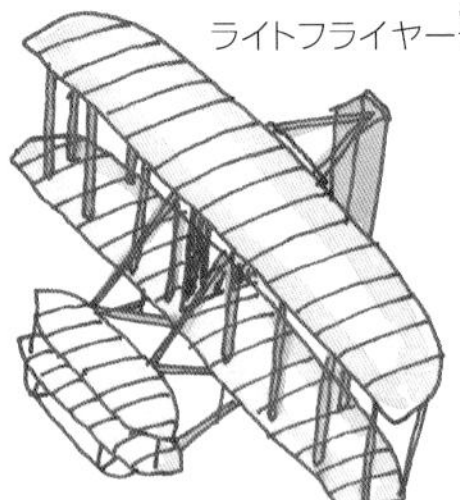

ライトフライヤー号《ごう》

たんじょう日

ハンフリー・デイビー（化学者《かがくしゃ》・イギリス・1778年）／**ジュール・ド・ゴンクール**（作家・フランス・1830年）／**島木赤彦《しまきあかひこ》**（歌人・1876年）

たんじょう花と花ことば

ベゴニア／片思《かたおも》い

18日

東京駅《とうきょうえき》

東京駅開業式《とうきょうえきかいぎょうしき》　一九一四年のこの日、東京駅開業式が開催《かいさい》。設計《せっけい》は辰野金吾《たつのきんご》。鉄筋《てっきん》レンガづくりでヨーロッパ風《ふう》の駅舎《えきしゃ》はいまも現役《げんえき》だ。

日本が国連《こくれん》に加盟《かめい》　第二次世界大戦後の一九四五年に、あらたな国《こく》際平和機構《さいへいわきこう》として設立《せつりつ》された国際連合《こくさいれんごう》。一九五六年のこの日、日本は八十番目の加盟国《かめいこく》となったよ。⬇4/25、10/24

たんじょう日

志賀潔《しがきよし》（細菌学者《さいきんがくしゃ》・1870年）／**パウル・クレー**（画家・スイス・1879年）／**スティーブン・スピルバーグ**（映画監督《えいがかんとく》・アメリカ・1946年）

たんじょう花と花ことば

モミ／高尚《こうしょう》

19日

日本人初飛行《はつひこう》の日　一九一〇年のこの日、日本人がはじめて飛行機を飛ばすことに成功したよ。東京の代々木練兵場《よよぎれんぺいじょう》（いまの代々木公園《よよぎこうえん》）で、飛行時間四分、最高高度《さいこうこうど》は七十メートル、飛行距離《ひこうきょり》は三〇〇〇メートルだった。

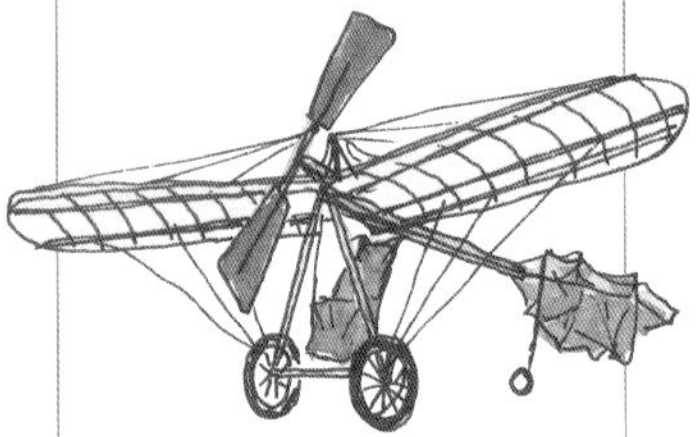

たんじょう日

富岡鉄斎《とみおかてっさい》（日本画家・1837年）／**吉田五十八《よしだいそや》**（建築家《けんちくか》・1894年）／**エディット・ピアフ**（歌手・フランス・1915年）／**楠本憲吉《くすもとけんきち》**（俳人《はいじん》・1922年）

たんじょう花と花ことば

ゴボウ／しつこくせがむ

20日

「国境《こっきょう》なき医師団《いしだん》」設立《せつりつ》 一九七一年のこの日、「国境なき医師団」がフランスで設立されたよ。紛争地域《ふんそうちいき》や感染症《かんせんしょう》の流行《りゅうこう》したところ、自然災害《しぜんさいがい》がおきた場所《ばしょ》など、医師のいない地域の人びとにたいして、わけへだてなく医療《いりょう》、人道援助《じんどうえんじょ》をおこなう民間《みんかん》・非営利《ひえいり》の国際団体《こくさいだんたい》なんだ。一九九九年、ノーベル平和賞《へいわしょう》を受賞《じゅしょう》したよ。

たんじょう日

北里柴三郎《きたさとしばさぶろう》(細菌学者・1852年)／**尾崎翠《おざきみどり》**(作家・1896年)／**ユリ・ゲラー**(超能力者《ちょうのうりょくしゃ》・イスラエル・1946年)

たんじょう花と花ことば

アイビー／友情《ゆうじょう》

21日

クロスワードの日 一九一三年のこの日、アメリカの新聞『ニューヨーク・ワールド』日曜版《にちようばん》の娯楽《ごらく》ページにはじめて掲載《けいさい》されたよ。

ルーマニア革命《かくめい》おこる 一九八九年のこの日、ルーマニアの首都《しゅと》ブカレストで数十万人が集《あつ》まってデモをしたよ。このルーマニア革命によって、翌日《よくじつ》、チャウシェスク大統領《だいとうりょう》の独裁政権《どくさいせいけん》が崩壊《ほうかい》したんだ。

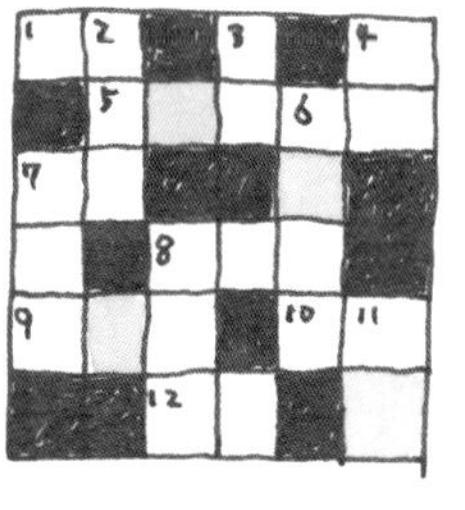

ごろあわせ記念日

回文の日 上から読んでも下から読んでも「1221」

たんじょう日

アンリ・ファーブル(生物学者《せいぶつがくしゃ》・フランス・1823年)／**松本清張《まつもとせいちょう》**(作家・1909年)／**アリシア・アロンソ**(バレリーナ・キューバ・1920年)

たんじょう花と花ことば

カボチャ／広さ

22日

UNION《ユニオン》=組合《くみあい》

労働組合法公布《ろうどうくみあいほうこうふ》 一九四五年のこの日、「労働組合法」が公布《こうふ》されたよ。やとい主《ぬし》から不当《ふとう》な労働を強《し》いられたときなどには、はたらく人たちが団結《だんけつ》して行動《こうどう》できることを保障《はしょう》する法律《ほうりつ》。交渉《こうしょう》のときには、やとい主と労働者《ろうどうしゃ》は、対等《たいとう》の立場に立つことを目指《めざ》すんだ。労働者の地位《ちい》向上《こうじょう》には重要《じゅうよう》なことだよ。

たんじょう日

大宗《たいそう》(皇帝《こうてい》・中国・598年)／**ジャン・ラシーヌ**(劇作家《げきさっか》・フランス・1639年)／**ジャコモ・プッチーニ**(作曲家・イタリア・1858年)

たんじょう花と花ことば

セントポーリア／小さな愛《あい》

23日

東京タワー完成《かんせい》の日 一九五八年のこの日に、東京タワーが完成したよ。テレビ電波《でんぱ》を送信《そうしん》するための電波塔《でんぱとう》で、高さは当時日本でいちばん高い三三三メートル。展望台《てんぼうだい》があって、東京のシンボルとして観光名所《かんこうめいしょ》のひとつになったんだ。テレビがアナログ放送《ほうそう》からデジタル放送にかわって、いま、テレビの電波を送信しているのは東京スカイツリー。

東京タワー

たんじょう日

ジャン・F・シャンポリオン(考古学者《こうこがくしゃ》・フランス・1790年)／**徳田秋聲《とくだしゅうせい》**(作家・1871年)／**中里恒子《なかざとつねこ》**(作家・1909年)

たんじょう花と花ことば

オリーブ／平和《へいわ》

24日

クリスマスイブ　イエス・キリストの誕生日《たんじょうび》がクリスマス。その前夜がクリスマスイブだよ。

すばる望遠鏡《ぼうえんきょう》が星をとらえた日　すばる望遠鏡は、日本の国立天文台が、アメリカのハワイ島《とう》にあるマウナケアの山頂《さんちょう》、四二〇〇メートルの地点に設《せっ》置《ち》した巨大望遠鏡《きょだいぼうえんきょう》だ。一九九八年のこの日、はじめて星をうつしだしたよ。

たんじょう日

ジェイムズ・ジュール（物理学者《ぶつりがくしゃ》・イギリス・1818年）／**リー・ドーシー**（R&B歌手・アメリカ・1924年）

たんじょう花と花ことば

ヤドリギ／征服《せいふく》

25日

クリスマス　キリストの誕生《たんじょう》を祝《いわ》う日。モミの木のクリスマスツリーやヒイラギ、雪景色《ゆきげしき》のイメージなどは、ヨーロッパの冬至《とうじ》のお祭《まつ》りがもとなのだとか。

日本初《にほんはつ》のスーパーマーケットがオープン　東京の青山に、日本初のスーパーマーケット「紀《き》ノ《の》国屋《くにや》」がオープンしたよ。一九五三年のこの日のことだ。このお店はいまも同じ場所《ばしょ》で営業《えいぎょう》をしているんだ。

たんじょう日

ウォルター・ウェストン（登山家《とざんか》・イギリス・1861年）／**植木等《うえきひとし》**（俳優《はいゆう》・1926年）

忌日《きにち》　与謝蕪村《よさぶそん》

たんじょう花と花ことば

セイヨウヒイラギ／先見

26日

ラジウムの元素記号《げんそきごう》はRa、原子番号《げんしばんごう》は88

ラジウムを発見《はっけん》　一八九八年のこの日、フランスの物理学者《ぶつりがくしゃ》、キュリー夫妻《ふさい》が放射性元素《ほうしゃせいげんそ》のラジウムを発見。のちのノーベル物理学賞《ぶつりがくしょう》授与式《じゅよしき》で夫《おっと》のピエール・キュリーは、「ラジウムが戦争《せんそう》や犯罪《はんざい》に使《つか》われてはならない」と語った。

たんじょう日

徳川家康《とくがわいえやす》（将軍《しょうぐん》・1542年）／**岡倉天心《おかくらてんしん》**（思想家《しそうか》・1862年）／**菊池寛《きくちかん》**（作家・1888年）／**ヘンリー・ミラー**（作家・アメリカ・1891年）／**毛沢東《もうたくとう》**（国家主席《こっかしゅせき》・中国・1893年）

たんじょう花と花ことば

センリョウ／富貴《ふうき》

27日

東京・浅草《あさくさ》の仲見世《なかみせ》が新装開業《しんそうかいぎょう》　一八八五年のこの日、浅草寺《せんそうじ》の参道《さんどう》にある仲見世が新装開業したよ。いまもお店は繁盛《はんじょう》、観光客《かんこうきゃく》でにぎやかだ。

「ピーター・パン」初演《しょえん》　「ピーター・パン」の劇《げき》が、一九〇四年のこの日にイギリスのロンドンで初演されたよ。ピーター・パンとこどもたちのぼうけん物語《ものがたり》は、いまも本やミュージカルで広く親しまれているね。

仲見世《なかみせ》入り口の雷門《かみなりもん》にあるちょうちん

たんじょう日

ヨハネス・ケプラー（天文学者《てんもんがくしゃ》・ドイツ・1571年）／**頼山陽《らいさんよう》**（歴史家《れきしか》・1780年）／**ルイ・パスツール**（細菌学者《さいきんがくしゃ》・フランス・1822年）

たんじょう花と花ことば

ヤツデ／分別《ふんべつ》

28日

官公庁御用《かんこうちょうごよう》おさめ　一八七三年から、官公庁は十二月二十八日を年《ねん》末最後《まつさいご》の仕事《しごと》の日「仕事おさめ」にしたよ。年末年始《ねんまつねんし》の休暇《きゅうか》を十二月二十九日から一月三日までとすることが、法律《ほうりつ》できめられたんだ。

身体検査《しんたいけんさ》の日　一八八八年のこの日、生徒《せいと》の身体検査を実施《じっし》するよう、文部省《もんぶしょう》（いまの文部科学省《もんぶかがくしょう》）から訓令《くんれい》がでたよ。

たんじょう日

畦地梅太郎《あぜちうめたろう》（版画家《はんがか》・1902年）／**堀辰雄《ほりたつお》**（作家・1904年）／**上原《うえはら》げんと**（作曲家《さっきょくか》・1914年）

たんじょう花と花ことば

クワイ／縁起《えんぎ》がよい

29日

清水《しみず》トンネル貫通《かんつう》　一九二九年のこの日、鉄道《てつどう》の上越線《じょうえつせん》土合《どあい》～土樽《つちたる》間《かん》の清水トンネルが貫通したんだ。全長《ぜんちょう》九七〇二メートルで、当時日本最長《さいちょう》のトンネルだったよ。川端康成《かわばたやすなり》の小説《しょうせつ》『雪国』の冒頭《ぼうとう》、「トンネルをぬけると雪国であった」のモデルだといわれているね。➡9/28

清水《しみず》トンネル

たんじょう日

チャールズ・グッドイヤー（発明家《はつめいか》・アメリカ・1800年）／**松平容保《まつだいらかたもり》**（大名・1835年）／**パブロ・カザルス**（チェリスト・スペイン・1876年）

たんじょう花と花ことば

ナンテン／わたしの愛《あい》は増《ま》すばかり

30日

地下鉄銀座線《ちかてつぎんざせん》

アジア初の地下鉄開業《ちかてつかいぎょう》　一九二七年のこの日、アジアではじめての地下鉄が東京で開通《かいつう》したよ。上野《うえの》～浅草間《あさくさかん》をむすぶ二・二キロメートルを五分で走行、運賃《うんちん》は十銭《せん》。大人気で、当日は午前中だけで四万人が駅《えき》におしよせたんだって。この路線《ろせん》はのちに渋谷《しぶや》までのびて、いまは東京メトロ銀座線《ぎんざせん》として走っているよ。

たんじょう日

ラドヤード・キップリング（作家・インド・1865年）／**開高健《かいこうたけし》**（作家・1930年）／**タイガー・ウッズ**（ゴルファー・アメリカ・1975年）

たんじょう花と花ことば

ヤブコウジ／明日の幸福《こうふく》

31日

大みそか　一年の最後《さいご》の日。大みそかとは、大きな「みそか（三十日）」で、十二月三十一日のこと。この日は新年をむかえる年越《としこ》しをするんだ。年越しそばを食べて、お寺では除夜《じょや》のかねを一〇八回つくよ。きみは今年一年、どのようにすごしたかな？　やってくる新年が、いい年になりますように！

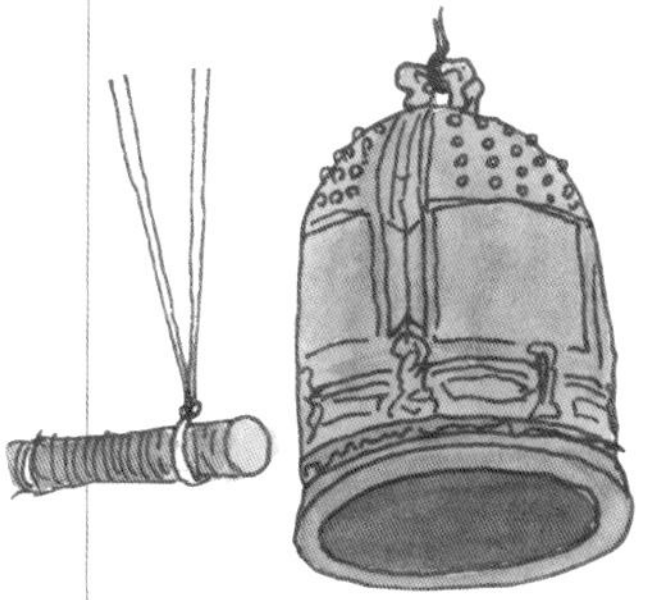

たんじょう日

アンリ・マティス（画家・フランス・1869年）／**林芙美子《はやしふみこ》**（作家・1903年）

たんじょう花と花ことば

ユズ／健康美《けんこうび》

毎《まい》月《つき》記《き》念《ねん》日《び》

毎月、同じ日にやってくる記念日があるよ。

食べものにかんする日が多いけど、おいしく食べるきっかけになるから、それもまたいいね。

ここにあげたのは、代表的《だいひょうてき》な毎月記念日。

ほかにもいろいろな毎月記念日があるから、調《しら》べてみてほしいな。

自分で「きょうは◯◯の日」なんてきめるのもおもしろそう。

「きょうはランニングの日だから、ひとっ走りしてこようか」なんてね。

12日

パンの日　一八四二年四月十二日に、日本ではじめてパンが焼《や》かれたよ。この日を記念した日だ。自分でパンを焼いてみるのもいいね。

豆腐《とうふ》の日　豆《とう》(十)腐《ふ》(二)のごろあわせできまった日。毎月この日は豆腐料理《とうふりょうり》を食べる？　冷《ひ》やっこに湯豆腐《ゆどうふ》、肉豆腐《にくどうふ》もおいしそうだな。十月二日も「豆腐の日」だよ。

15日

お菓子《かし》の日　お菓子の神様《かみさま》をまつった神社《じんじゃ》の例大祭《れいたいさい》が、十五日にあったことにちなんできめられた日。お菓子をいっぱい食べられるかな？

18日

頭髪《とうはつ》の日　頭《とう》(十)髪《はつ》(八)のごろあわせ。さっぱりしに、とこやさんに行こうか。十月二十日も「頭髪の日」だよ。

23日

ふみの日　ふ(二)み(三)で、文。さあ、手紙を書こうか。七月二十三日も「ふみの日」だよ。

26日

風呂《ふろ》の日　ふ(二)ろ(六)で風呂。おうちのお風呂、銭湯《せんとう》、温泉《おんせん》、どこでもいいからお風呂の魅力《みりょく》を満喫《まんきつ》しよう。あったまってリラックスできるね。お風呂にかんする日は、ほかにもいっぱい。二月六日「お風呂の日」、六月二十六日「露天風呂《ろてんぶろ》の日」、七月二十六日「夏風呂《なつふろ》の日」、十一月二十六日「いい風呂の日」。日本人はお風呂がすきだね。

29日

肉の日　に(二)く(九)で、肉。お肉を食べて、元気いっぱい。八月二十九日は「焼《や》き肉《にく》の日」、十一月二十九日は「いい肉の日」だよ。

30日

みその日　「三十日」は「みそか」とも読むよ。そのごろあわせで「みその日」。おみそ汁《しる》に、みそ漬《づ》け、みそ焼きなど、なくてはならない味《あじ》だよね。

月の最後《さいご》の日

そばの日　江戸時代《えどじだい》には、月の最後の日にそばを食べる習慣《しゅうかん》があったんだって。いまのように細長く切ったそばは、当時はぜいたくな食べものだったんだ。

さ

た

ま

や

ら

わ

あ

か

さ

た

な

は

ま

や

参《さん》考《こう》文《ぶん》献《けん》

『366日の話題事典』加藤迪男 編、東京堂出版（一九九八）
『今日ってどんな日 365日話のネタ事典』中野昭夫・松方安雅 編著、日本能率協会マネジメントセンター（一九九七）
『今日のクロニクル 366日の事典』朝日新聞社編、朝日新聞社（一九九六）
『366日話題事典』高野尚好・栗岩英雄・石川秀也 編著、ぎょうせい（一九九五）
『今日は何の日？ 366』PHP研究所 編、PHP研究所（二〇一八）
『今日は何の日？ 366日大事典』校内放送研究所 編、あかね書房（二〇一七）
『まるごとわかる 365日ものしり百科 1～12月』谷川健一 監修、日本図書センター（二〇〇五）
『きょうはこんな日 365 1～4』学校放送研究会 編、国土社（二〇〇八）
『365日なんでも大事典』こよみ研究会 編、ポプラ社（二〇〇三）
『新 きょうはなんの日？』（全6巻）次山信男 監修、ポプラ社（二〇〇八）
『改訂版 行事とあそび こどものカレンダー』（全12巻）かこさとし 著、偕成社（一九九三）
『世界の化学者12か月』かこさとし 作・絵、偕成社（二〇一六）
『366日記念日事典』日本記念日協会 編、加瀬清志 著、創元社（二〇一六）
『世界の祝祭日の事典』中野展子 著、東京堂出版（二〇一六）
『世界の国々と祝日』本村凌二 監修、理論社（二〇一六）
『レコード・ダイアリー 2018』（二〇一七）
『レコード・ダイアリー 2019』（二〇一八）レコード・コレクターズ増刊、ミュージック・マガジン
『地図で見る日本の地震』山川徹 文、寒川旭 監修、偕成社（二〇一九）
『世界を変えた100人の女の子の物語』エレナ・ファヴィッリ、フランチェスカ・カヴァッロ著、芹澤恵・高里ひろ 訳、河出書房新社（二〇一八）
『世界を変えた50人の女性科学者たち』レイチェル・イグノトフスキー 著、野中モモ 訳、創元社（二〇一八）
『日本人名大辞典』講談社（二〇〇一）
『岩波 世界人名大辞典』岩波書店辞典編集部 編、岩波書店（二〇一三）
その他、各関係ホームページを参考にしました。

おわりに、すこしだけ

お部屋《へや》のかべにかかったカレンダーにも、
祝日《しゅくじつ》や記念日《きねんび》が書いてあるはず。
その由来《ゆらい》を知りたいな、と思ったときは、
ぜひこの本を開《ひら》いて、調《しら》べてみてください。
その日の祝日や記念日が気になったとき、
きっとお役《やく》に立てると思います。
毎日が記念日、そんな一日いちにちを、
大事《だいじ》にすごしてほしくて
この本を書きました。
なんども開いて、三百六十六日分を
たっぷり味《あじ》わってね。

平野恵理子

きょうはなんの記念日?
366日じてん

平野恵理子

発行　2020年10月1刷
2024年 1 月3刷

発行者　今村正樹

発行所　偕成社
〒162-8450 東京都新宿区市谷砂土原町3-5
電話 03-3260-3221(販売部)／03-3260-3229(編集部)
https://www.kaiseisha.co.jp/

印刷・製本　大日本印刷

Published by KAISEI-SHA. Printed in Japan.
NDC383　128p.　23cm　ISBN978-4-03-533490-3
落丁本・乱丁本はお取り替えいたします。
本のご注文は、電話・ファックスまたはEメールでお受けしています。
TEL 03-3260-3221／FAX 03-3260-3222／E-mail sales@kaiseisha.co.jp